Anaïs Malfilatre
Mit Fotografien von Fabrice Besse

Nähideen für KÜCHE & BAD

nachhaltig, umweltfreundlich, plastikfrei

Bassermann

Einleitung

Wenn Sie dieses Buch gekauft haben, dann sind Sie bereits davon überzeugt, dass wir unser Verhalten und unsere Gewohnheiten ändern müssen, um unseren ökologischen Fußabdruck zu reduzieren. Zwar »geht es der Erde sehr gut!«, wie der Astronom und Philosoph Hubert Reeves in *La Terre va très bien* erklärt: nur gefährdet unser Verhalten das Leben auf ihr. Wenn wir morgen verschwinden, wird die Erde zu einem neuen ökologischen Gleichgewicht zurückfinden. Es geht also nicht darum, *sie* zu retten, sondern *uns:* darum, unseren (übermäßigen) Verbrauch einzuschränken, um eine Katastrophe abzuwenden, deren Opfer wir ebenso wären wie der Rest der Fauna und Flora unseres Planeten.

Es gibt viele Möglichkeiten, um als Einzelperson seine täglichen Abfälle zu reduzieren. Nähen ist eine davon: es ist ein exzellentes Mittel, um kleine Wegwerf-Artikel, die die Umwelt belasten, durch nachhaltige Alternativen aus Stoff zu ersetzen, die Sie waschen und wiederverwenden können – manche viele Jahre lang.

Sie werden schnell sehen, wie leicht es ist, Ihre Gewohnheiten zu ändern: Alle hier vorgeschlagenen Arbeiten sind für Anfänger geeignet und einfach nachzuarbeiten. Die selbst hergestellten kleinen Gebrauchsgegenstände sind so praktisch, dass sie schnell ihren Platz in Ihrem Alltag finden werden.

Viel Vergnügen beim Lesen und beim Nähen!

Anaïs

#ZDPOWER
WWW.COUTURADDICT.COM

Inhalt

Hinweise

- Für jedes Projekt werden Anwendung, Material, Zeitaufwand und Schwierigkeitsgrad der Arbeit (1 = leicht, 2 = etwas schwieriger, 3 = anspruchsvoll) angegeben. Außerdem gibt es Informationen zu Pflege und Reinigung des Produkts, Tipps zum Nähen, mögliche Alternativen ...
- Die Schritt-für-Schritt-Abbildungen ergänzen die Texte.

Das Zero-Waste-Konzept

Umweltfreundliche, wiederverwendbare Küchen- und Badtextilien verursachen deutlich weniger Müll als Wegwerfartikel, doch werde ich oft gefragt, wie es denn mit der Umweltbelastung dieser Accessoires in Bezug auf Wasser- und Energieverbrauch stehe. Die Frage ist berechtigt, denn wenn diese gewaschen werden, verbraucht man

- Wasser
- Waschmittel
- Strom aus umweltbelastender Energieerzeugung

Die Frage ist leicht zu beantworten. Um die Verwendung unserer Zero-Waste-Produkte zu optimieren, empfiehlt die Gesellschaft für Umwelt und Stromverbrauch (ADEME, *Agence de l'environnement et de la maîtrise de l'énergie*):
»Es ist unerlässlich ... in einer voll beladenen Maschine vorzugsweise bei 60 °C [statt bei 90 °C] zu waschen, eine Waschmaschine der Energieklasse A++/A+++ zu verwenden, auf Waschmittel mit einem Öko-Label zurückzugreifen und nicht überzudosieren, im Freien zu trocknen und die jeweiligen Gegenstände möglichst nicht zu bügeln.«

Sie finden in diesem Buch 20 Nähideen für nachhaltige Produkte, darunter:

- Servietten
- Küchenschwamm
- Küchentücher
- Beutel zum Kauf von Lebensmitteln ohne Verpackung
- Salatbeutel, um übrig gebliebenen Salat nach dem Waschen im Kühlschrank aufzuheben
- Lunchbeutel
- Tee- und Kaffeefilter
- Abdeckhauben für Speisen im Kühlschrank, um Alufolie und Plastikfolie zu vermeiden!
- Stofftaschentücher
- Stoffkörbchen für Kosmetikartikel
- Seifentäschchen und Zahnbürstentäschchen für die Reise
- Damenbinden
- und ein Wäschenetz, um Ihre Wäsche in der Maschine zu schonen

Ich beschreibe die verwendeten Stoffarten und ihre genauen Maße sowie das nötige Nähzubehör; ich liefere die Schnittmuster oder erkläre Ihnen, wie sie zu zeichnen sind; zeige Ihnen in anschaulichen Schritt-für-Schritt-Erklärungen, wie Sie beim Nähen vorgehen, und gebe Ihnen Tipps für Pflege und Reinigung des fertigen Produkts.

Willkommen beim Zero-Waste-Abenteuer!

Das Material

NÄHZUBEHÖR

- Nahttrenner
- 4 Scheren
  - > klein für Fäden
  - > groß für den Stoff
  - > Zackenschere, um Nahtzugaben abzuschneiden
  - > Papierschere
- Rundkopf-Stecknadeln oder Nähclips/ bzw. Stoffklammern sowie ein Stecknadelkissen oder ein Magnet zur Ablage
- Nähnadeln für das Nähen von Hand
- Sicherheitsnadeln und eine Wollnadel
- Maßband
- Unterfaden-Spulen und eine Schachtel zur Aufbewahrung
- Schneiderkreide oder ein Textilmarker für dunkle Stoffe
- Tisch und Bügeleisen
- Garnrollen (farblich zu Ihren Stoffen passend)

KOPIEREN VON SCHNITTMUSTERN

- Pauspapier oder transparentes Papier, um die Schnittmuster von S. 96ff. zu kopieren
- Markierstifte (Trickmarker), die beim Bügeln unsichtbar werden – ideal, um Markierungen zu zeichnen und später zu löschen
- auswaschbare Markierstifte oder Filzstifte für Kinder (Sie finden sie in Hobbyläden), um die Schnittmuster auf die Stoffe zu übertragen: die Linien verschwinden beim Waschen ab 30 °C
- Eine Rolle Zeichenpapier, um ein Schnittmuster aufzuzeichnen (in Hobbyläden erhältlich)
- ein großes Lineal von 40 cm Länge und ein Zeichendreieck
- Metallscheiben für Heimwerkerbedarf aus dem Baumarkt, um die Stoffe zu beschweren. Wählen Sie möglichst schwere!
- DIN A4-Taschen mit Druckverschluss oder Klarsichthüllen, um die Schnittmuster zu ordnen
- Die Schnittmuster können Sie auch unter folgendem Link herunterladen: www.bassermann-verlag.de/naehideen-kueche-bad

Die Nähmaschine

»Besser eine gute gebrauchte als eine minderwertige neue!«

Man hört oft, es sei für Nähanfänger besser, wenig in eine Maschine zu investieren, »weil man ja nie weiß ...«. Wenn man dann nach einigen Versuchen feststellt, dass einem das Nähen doch nicht wirklich liegt, hätte man zumindest nicht allzu viel Geld umsonst investiert.

Ich bin da anderer Meinung: Gerade dann, wenn man mit dem Nähen anfängt, braucht man eine gute Nähmaschine! Man weiß ja nicht, wie die Maschine funktioniert, was normal ist. Ist es normal, wenn der Faden sich ringelt? Wenn er reißt? Man hat Angst vor allem: Das Einfädeln ist ein Martyrium, das Auswechseln einer Nadel ein Opfergang ... Eine leicht zu bedienende, zuverlässige Nähmaschine ist die beste Verbündete für den Anfang: sie ist leichter einzufädeln, macht weniger Probleme und erleichtert das Lernen. Eine gute Nähmaschine ist ein Muss, vor allem für Anfänger!

Die Marken Brother, Janome und Juki sind meiner Meinung nach vertrauenswürdig und garantieren Qualität. Auch Pfaff, Singer oder – für den größeren Geldbeutel – Bernina sind bekannte und bewährte Marken. Und wenn ich Ihnen einen Rat geben darf: Ziehen Sie eine gute gebrauchte Maschine einer schlechten neuen vor!

Wie steht es mit der alten Nähmaschine der Großmutter oder Großtante? Stürzen Sie sich darauf, wenn Sie jemanden kennen, der Ihnen zeigen kann, wie sie funktioniert, und ziehen Sie die Wiederverwendung dem Neukauf einer billigen Maschine vor. Wenn niemand Sie bei der Handhabung einer alten Nähmaschine anleiten kann (vergessen Sie nicht, sie überholen zu lassen: Einstellung, Ölen ...), ist es vielleicht besser, mit einer neuen Maschine zu beginnen. Achten Sie darauf, dass die Maschine einfach zu bedienen ist und dass sie gewisse Komfortfunktionen wie einen Geschwindigkeitsregler hat, um ganz vorsichtig und langsam zu nähen, eine Nadelstopp-Funktion, um über Ecken zu nähen, eine Einfädelhilfe ....

WELCHE MASCHINE EIGNET SICH?

Die Projekte, die ich Ihnen vorschlage, erfordern keine besonderen Funktionen auf Ihrer Nähmaschine. Sie sind daher ideal für den Anfang. Wir werden überwiegend mit Baumwolle, Frottee oder beschichteter Baumwolle nähen und Grundfunktionen wie Gerad- und Zickzackstich verwenden.

Für den kleinen Geldbeutel und die gelegentliche Nutzung rechnen Sie mit 100 bis 150 €. Wählen Sie eine robuste Maschine, auch wenn Sie nicht alle Funktionen hat.

Für den etwas größeren Geldbeutel empfehle ich Ihnen, 200 bis 500 € anzulegen.

Finden Sie einen guten Kompromiss zwischen dem zur Verfügung stehenden Budget und der Qualität der Verarbeitung: Bevorzugen Sie Metall anstelle von Plastik, ein schwereres, aber solides Gehäuse. Achten Sie darauf, dass die Maschine mit genügend Funktionen ausgestattet ist, wenn Sie lange Freude an Ihrer Maschine haben wollen.

Die Stoffe

DIE LABELS GOTS UND OEKO TEX

Beginnen wir mit einer wichtigen kleinen Präzisierung: Die sogenannten Bio-Stoffe werden aus natürlichen Pflanzenfasern gewonnen (Baumwolle, Leinen, Hanf, Jute, Ramie, Nessel), die ohne Verwendung von Pestiziden oder Insektiziden angebaut werden. Der Begriff »Bio« ist keine Zertifizierung, sondern gibt an, wie die verwendete Textilfaser angebaut wurde.

Wenn Sie Ihre Stoffe kaufen, gibt es zwei Labels, auf die Sie achten sollten:

- Die Zertifizierung GOTS *(Global Organic Textile Standard)* für Bio-Stoffe.

Textilunternehmen, die diese Zertifizierung erhalten haben, müssen ihre Stoffe mit einem 70%igen Mindestanteil an biologischen Fasern herstellen. Alle ihre Anlagen müssen den sozialen Kriterien auf Grundlage der *International Organisation of Employers* entsprechen, das heißt: Sie bieten ihren Angestellten und den Landwirten, mit denen sie in einem fairen Handel zusammenarbeiten, akzeptable Arbeitsbedingungen und faire Löhne.
Außerdem müssen die Fabrikanten während der verschiedenen Stufen der Stoffherstellung und -verarbeitung Vorgehensweisen anwenden, die Abfälle und Ausschuss minimieren. Die Unternehmen, die diesem Anspruch gerecht werden wollen, müssen über die Verwendung chemischer Produkte, den Wasserverbrauch und den Umgang mit Abwasser ebenso Rechenschaft geben wie über die Beseitigung von Klärschlamm. Die Abwässer aus Betrieben, die pflanzliche Fasern in Stoffe umwandeln, müssen in einer internen oder externen betrieblichen Abwasserbehandlungsanlage gereinigt werden, bevor sie in die Umwelt gelangen. Es handelt sich also um eine anspruchsvolle Zertifizierung, die ein ökologisches Produkt ebenso garantiert wie faire Arbeitsbedingungen für diejenigen, die an seiner Fertigung beteiligt sind.

- Die Zertifizierung Oeko Tex Standard 100.

Hier handelt es sich um ein weniger anspruchsvolles Label, denn nur die fertigen Stoffe oder Endprodukte werden geprüft: Man schickt Proben ins Labor, um sicherzustellen, dass das Produkt selbst ökologisch unbedenklich ist. Ein ökologischer Anbau der Ausgangsmaterialien ist damit nicht garantiert.
Dieses Label erlaubt es, die Materialien, die bei der Herstellung eines Stoffes verwendet werden, zu bestimmen und sicherzustellen, dass der Kontakt auf Ihrer Haut oder der Haut von Kindern keine allergischen Reaktionen hervorruft.

WELCHE STOFFE SIND GEEIGNET?

Diese Stoffarten haben wir für unsere Zero-Waste-Artikel verwendet:

- **bedruckter Baumwollstoff mit GOTS- oder wenigstens Oeko-Tex-Siegel**
- **Frotteestoff aus Baumwolle oder Bambus**
- **Waffelpikee**
- **Baumwollflanell (leicht angeraute Baumwolle)**
- **zweilagiges Baumwoll-Mulltuch (wie es für Textilwindeln verwendet wird)**
- **beschichtete Baumwolle oder wasserabweisende Gabardine**

Da es unser Ziel ist, Abfälle auf ein Minimum zu reduzieren, versteht es sich von selbst, dass die Wiederverwertung von alten Kleidungsstücken, Bettwäsche, ausgeblichenen Geschirrtüchern usw. sehr zu empfehlen ist.
Verwenden Sie ruhig Textilien wieder, die Sie schon haben, denn auch wenn sie kein Oeko-Tex- oder GOTS-Siegel haben, sind sie nach unzähligen Wäschen frei von Schadstoffen und dürften keine allergischen Haut- oder andere Reaktionen verursachen. Außerdem verlängern Sie dadurch, dass Sie sie sozusagen wiederbeleben, ihre Nutzungsdauer und verhindern, dass sie weggeworfen werden.

Bei jedem Nähbeispiel gebe ich genau an, welcher Stoff sich besonders gut eignet, denn nicht alle Stoffe haben die gleichen Eigenschaften (saugfähig, wasserundurchlässig, steif, weich ...). Seien Sie dennoch experimentierfreudig, denn Nähen ist kein starres Freizeitvergnügen, und die Technik entwickelt sich beim Probieren! Beurteilen Sie Ihre Misserfolge nicht allzu streng (sie werden ohnehin sehr selten auftreten, denn alle Beispiele sind für Anfänger geeignet) und bedenken Sie, dass Erfahrungen Ihnen helfen, besser zu werden.

Nähideen für die Küche

Servietten

In immer weniger Haushalten werden Stoffservietten verwendet. Sie sind durch Küchenpapier ersetzt worden, das Waschen oder eine Fleckenbehandlung unnötig macht. Mit diesem ersten Projekt können Sie ein unverzichtbares Accessoire, das bei keinem Essen fehlen darf, wieder in den Mittelpunkt rücken: eine hübsche Serviette aus Ihrem persönlichen Lieblingsstoff. Sie werden feststellen, dass diese Servietten bei Ihren Verwandten und Freunden Eindruck machen.

ZEITAUFWAND *1 Std. 20 Min.* für 4 Servietten

SIE BRAUCHEN

für 4 Servietten:

- **50 cm bedruckten Baumwollstoff (140 cm breit)**
- **50 cm saugfähigen Frottee- oder Waffelpikeestoff (140 cm breit)**

TIPPS FÜR SERVIETTEN

Waschen
Sie können die Servietten zusammen mit weißer oder heller Wäsche bei 40 °C und einem Löffel Waschsoda (Natriumkarbonat) zusätzlich zu einem ökologischen Waschmittel waschen, was hilft, Flecken zu entfernen und die Wäsche zu desinfizieren. Bei hellem Baumwollstoff können Sie die Temperatur bis 60 °C erhöhen, nicht aber bei dunkleren Stoffen, deren Farben schnell ausbleichen. Wählen Sie also die Farben Ihrer Stoffe je nach ihrer Funktion: Für kleinere Kinder nehme ich dunklere Stoffe, denn Tomaten- oder Erdbeerflecken sind schwer zu entfernen.

Verwendung
Ich habe zwei Sets Servietten für meine Familie genäht, dazu einige Unisex-Exemplare für Gäste, die das immer sehr schön finden! Wir alle wissen: Je hübscher ein Gegenstand ist, desto lieber verwendet man ihn …
Ich spreche vor allem für unsere Kinder, denn meine waren begeistert, als sie von Lätzchen auf die Servietten der Großen umsteigen durften, die ich manchmal mit einer Wäscheklammer im Nacken befestige, damit sie nicht verrutschen.
Die Servietten können auch von Kindern oder Jugendlichen genäht werden. Zögern Sie also nicht, den Nachwuchs an die Maschine zu lassen!

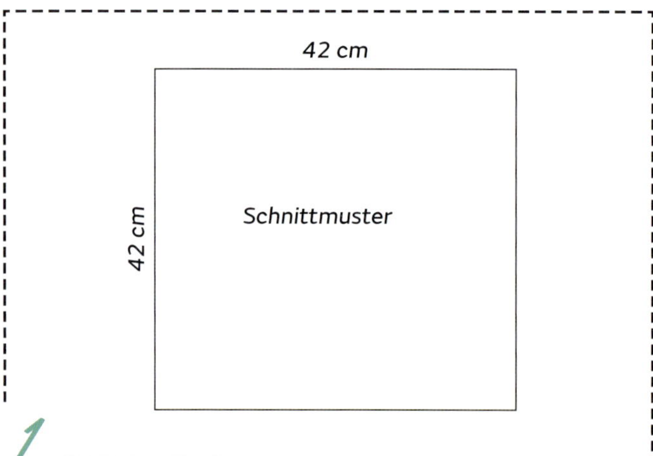

Zeichnen Sie auf etwas festerem Papier oder Karton ein Quadrat von 42 cm Seitenlänge. In diesem Schnittmuster sind die Nahtzugaben enthalten (rundum 1 cm).

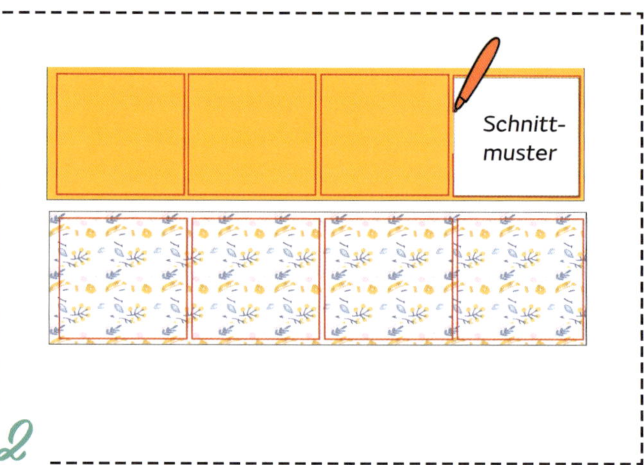

Für 4 Servietten zeichnen Sie die Umrisse Ihres Schnittmusters

- 4-mal auf die Rückseite des bedruckten Baumwollstoffs;
- 4-mal auf die Rückseite des Frotteestoffs oder des Waffelpikees

Beachten Sie: Die Nahtzugaben sind im Schnittmuster bereits enthalten!

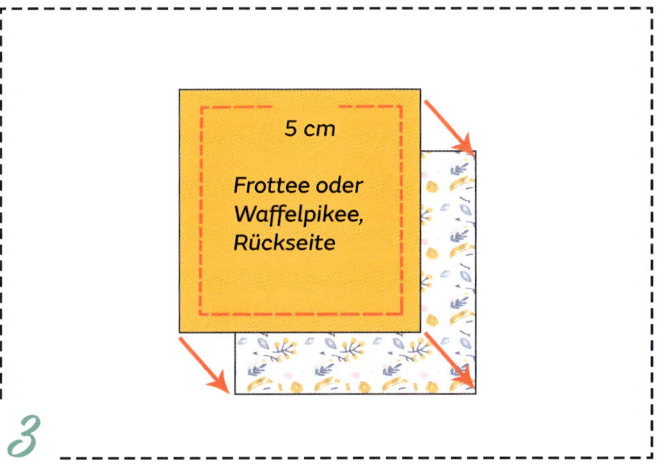

3

Schneiden Sie die Quadrate aus. Legen Sie die verschiedenen Stoffe jeweils mit der Vorderseite aufeinander, stecken Sie die Ränder fest und nähen Sie sie mit Geradstich so zusammen, dass jeweils 1 cm Rand übersteht. Vergessen Sie nicht, am Anfang und am Ende die Rückwärtstaste zu betätigen: zwei oder drei Stiche in jede Richtung! Lassen Sie beim Nähen in der Mitte einer Seite eine Öffnung von etwa 5 cm, um die Serviette wenden zu können.

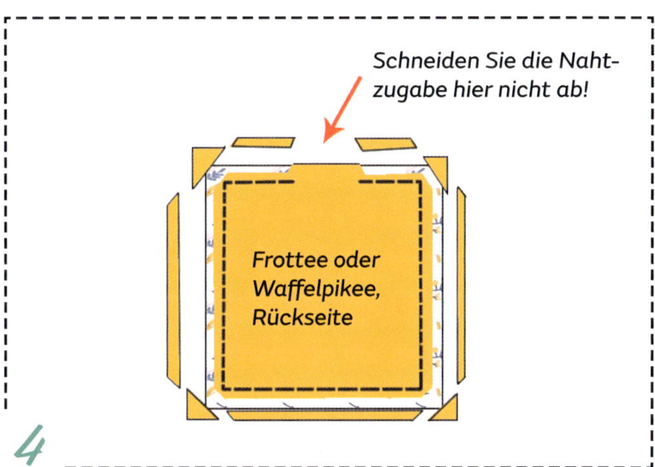

4

Schneiden Sie die Nahtzugaben zur Hälfte ab und schrägen Sie dabei die Ecken ab. An der Öffnung bleiben die Nahtzugaben stehen.

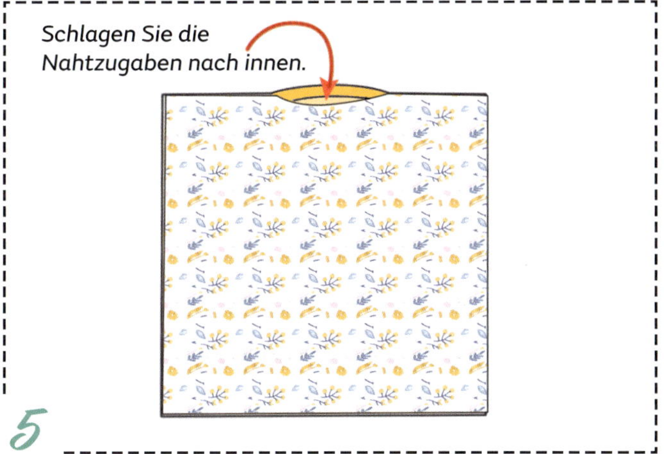

5

Wenden Sie die Serviette nach außen, formen Sie die Ecken mit einem Stift aus und schlagen Sie die Nahtzugaben der Öffnung bündig nach innen um.

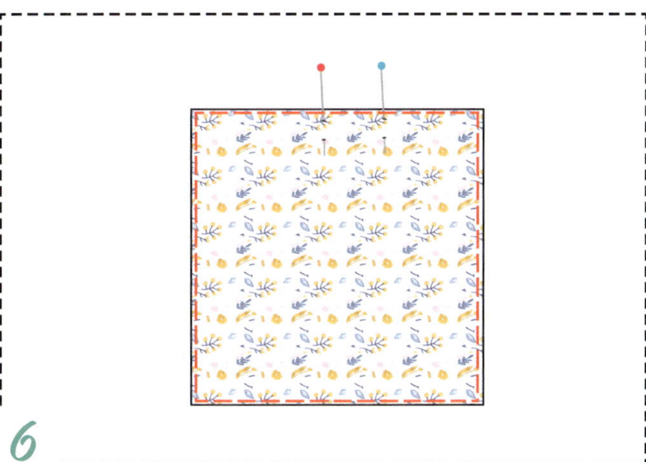

6

Fixieren Sie die Öffnung mit Nadeln und nähen Sie mit Geradstich 3 oder 4 mm vom Rand entfernt einmal um die Serviette herum. Verlängern Sie beim Zusammennähen den Stich auf etwa 4 mm, denn der Stoff ist jetzt dicker. Beginnen Sie in einer Ecke und betätigen Sie zu Beginn und am Ende die Rückwärtstaste! Nähen Sie die drei anderen Servietten auf die gleiche Weise.

Küchenrolle

Die Küchenrolle hat einen großen Anteil an unserem täglichen Müll, ohne dass wir uns dessen bewusst sind … In dieser waschbaren Version ist jedes »Blatt« dank eines einfachen Systems mit Druckknöpfen mit den anderen verbunden, was eine leichte Einzelentnahme erlaubt. Ich habe mehrere Varianten ausprobiert, eine davon mit einem dunkleren, saugfähigen Haushaltstuch, um auch den hartnäckigsten Schmutz aufzunehmen.

ZEITAUFWAND *2 Std. 30 Min.* für 10 »Blatt«

SIE BRAUCHEN

für 10 Küchentücher:

- **50 cm bedruckten Baumwollstoff (140 cm breit)**
- **50 cm saugfähigen Frotteestoff oder Waffelpikee (140 cm breit)**
- **20 nähfreie Kunststoff-Druckknöpfe Ø ca 12 mm + 1 Druckknopfzange**

TIPPS FÜR DIE KÜCHENROLLE

Waschen

Sie können die Küchentücher mit weißer oder heller Wäsche bei 40 °C mit einem Löffel Waschsoda (Natriumcarbonat) zusätzlich zu einem ökologischen Waschmittel waschen, was die Entfernung von Flecken erleichtert und die Wäsche desinfiziert. Denken Sie daran, für eine auch für hartnäckige Flecken (Tomatensauce, Obst, Schokolade) geeignete Küchenrolle dunkle Stoffe zu verwenden (oder auch helle Stoffe, wenn Sie Waschmittel mit Bleichstoffen verwenden …).

Die Kunststoff-Druckknöpfe vertragen keine Hitze – also nicht bügeln und sicherheitshalber nicht im Trockner trocknen!.

Trick

Ich knöpfe die einzelnen Tücher beim Waschen aneinander, um zu verhindern, dass sie sich verformen!

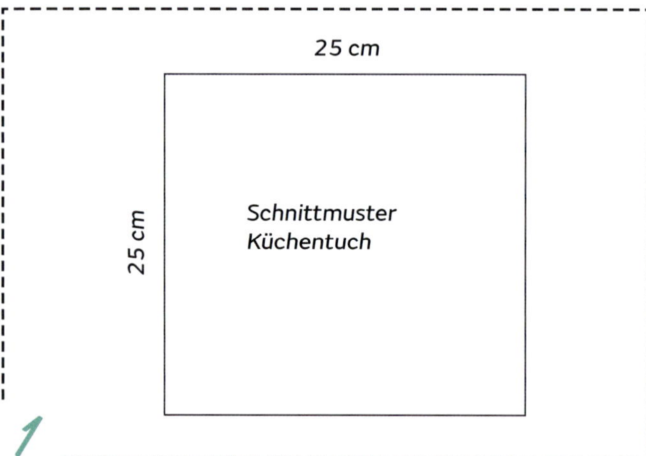

Zeichnen Sie auf dickeres Papier oder Karton ein Quadrat von 25 cm Seitenlänge. In diesem Maß ist die Nahtzugabe enthalten (1 cm rundum).

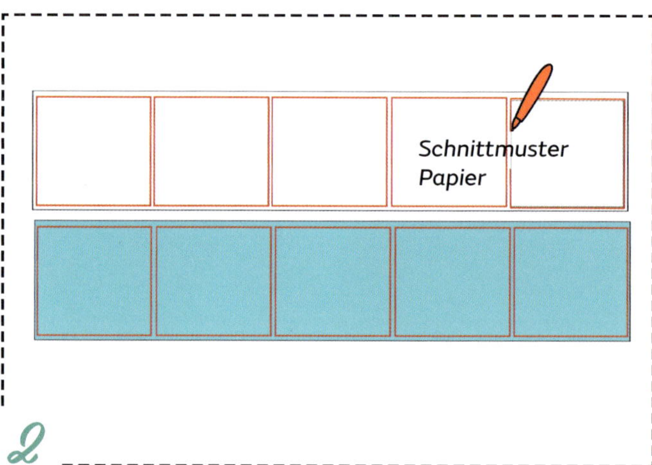

Für zehn Küchentücher zeichnen Sie den Umriss:

- 10-mal auf die Rückseite des bedruckten Baumwollstoffs (wählen Sie dafür zwei oder drei verschiedene Muster)
- 10-mal auf die Rückseite des Haushalttuchs oder Waffelpikees.

Fügen Sie keine Nahtzugaben hinzu, sie sind in den angegebenen Maßen bereits enthalten.

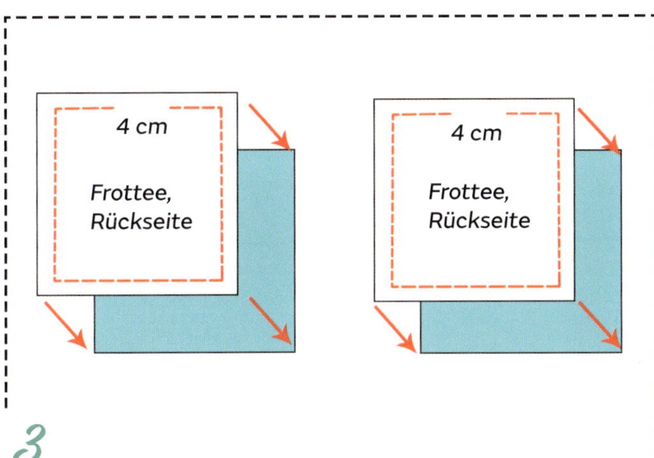

3

Schneiden Sie die Quadrate aus. Legen Sie die Stoffe rechts auf rechts, stecken Sie sie mit Nadeln am Rand zusammen und nähen Sie sie mit Geradstich etwa 1 cm vom Rand entfernt zusammen. Vergessen Sie nicht die Rückwärtstaste zu Beginn und am Ende des Nähens: zwei oder drei Stiche in jede Richtung! Lassen Sie in der Mitte einer Seite eine Öffnung (etwa 4 cm), um das Tuch zu wenden!

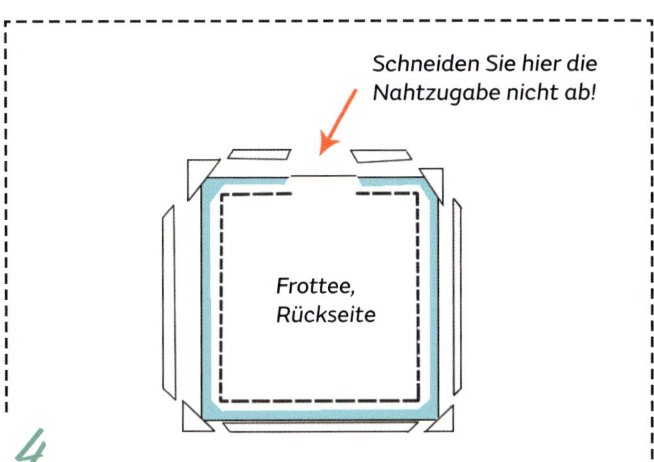

4

Schneiden Sie die Nahtzugabe an den Ecken schräg bis zur Hälfte und um 5 mm an den Seiten ab, außer an der Öffnung: lassen Sie dort die Nahtzugabe stehen!

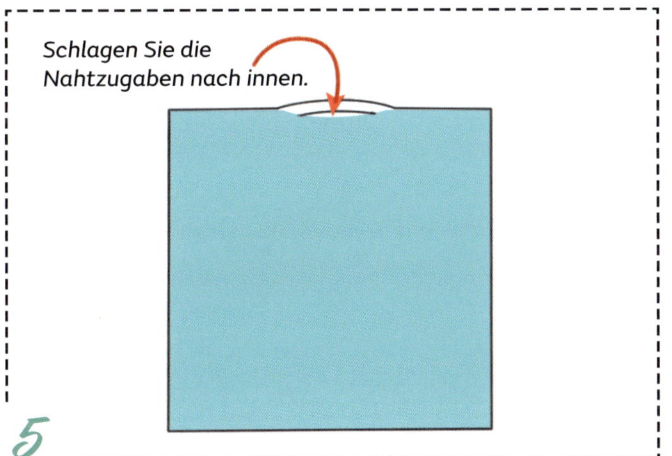

5

Wenden Sie Ihr Küchentuch nach außen, formen Sie die Ecken mit einem Stift aus und schlagen Sie die Nahtzugabe an der Öffnung nach innen um.

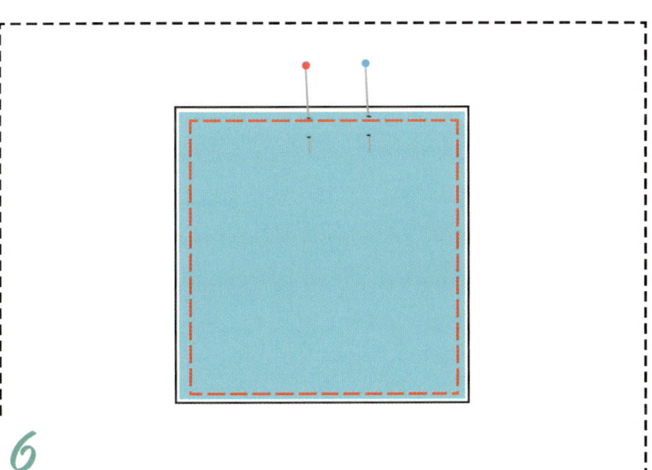

6

Stecken Sie die Öffnung ab und nähen Sie mit Geradstich etwa 2 mm vom Rand entfernt um alle Kanten. Verlängern Sie Ihren Stich (auf etwa 4 mm), denn der Stoff ist jetzt dicker. Beginnen Sie an einer Ecke und denken Sie ans Vernähen zu Beginn und am Ende der Naht. Verfahren Sie ebenso mit den neun anderen Tüchern.

7

Druckknöpfe anbringen. An einer Kante zwei mit Vertiefung, an der gegenüberliegenden Kante zwei mit Kopf (siehe Abb. S. 21).

Küchenschwamm

Gibt es eine bessere Methode, unsere Stoffabfälle wiederzuverwerten, als sie in nützliche Gegenstände zu verwandeln? Für diesen Schwamm brauchen Sie nur ein kleines Rechteck bedruckten Baumwollstoff, ein weiteres aus Frottee oder Waffelpiqué und eventuell eine kleine Kordel zum Aufhängen, damit alles besser trocknet ... und schon haben Sie einen neuen Schwamm! Machen Sie einen für die Küche, das Badezimmer, die Toilette ... Viel Spaß beim Recycling alter Stoffe und natürlich beim Verschenken, denn die Schwämme sind so leicht zu nähen!

ZEITAUFWAND *30 Minuten* für 1 Schwamm

SIE BRAUCHEN

für einen waschbaren Küchenschwamm:

- **16 x 12 cm bedruckten Baumwollstoff für die Vorderseite**
- **16 x 12 cm saugfähigen Frotteestoff oder Waffelpikee (relativ grob) für die Rückseite**
- **Reste von Molton oder anderem Füllmaterial**
- **9 cm Kordel (empfohlene Stärke: 4 mm Durchmesser)**

TIPPS FÜR DEN KÜCHENSCHWAMM

Waschen
Die waschbaren Küchenschwämme werden normal bei 40 °C zusammen mit der anderen Wäsche gewaschen. Fügen Sie der Waschtrommel zusätzlich zu Ihrem (ökologischen) Waschmittel einen Esslöffel Waschsoda hinzu – und warum nicht einmal pro Woche einen Tropfen Teebaumöl: es wirkt antibakteriell.

Alternative
Sie können die Schwämme auch mit einer Seite aus Jute nähen und haben dann eine rauere Oberfläche, allerdings zerfasern sie bei Gebrauch gern an der Naht. Um das zu verhindern, versäubern Sie die Nahtzugabe mit Zickzackstich und schneiden Sie sie vor dem Wenden nicht zurück.

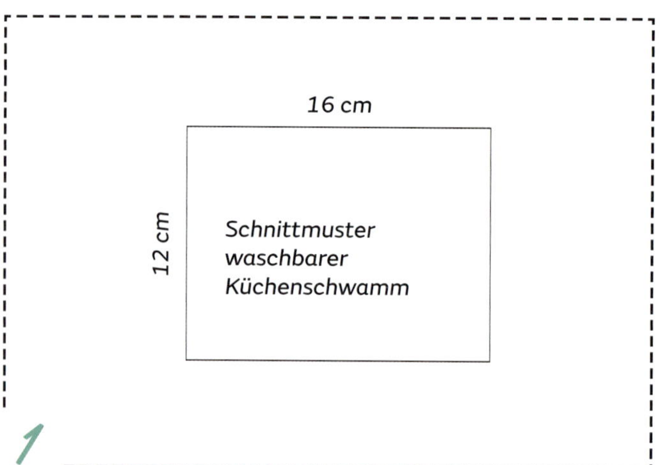

Zeichnen Sie auf etwas dickeres Papier oder Karton ein Rechteck von 12 x 16 cm. Dieses Schnittmuster enthält eine Nahtzugabe von 1 cm. Beschriften Sie Ihr Schnittmuster!

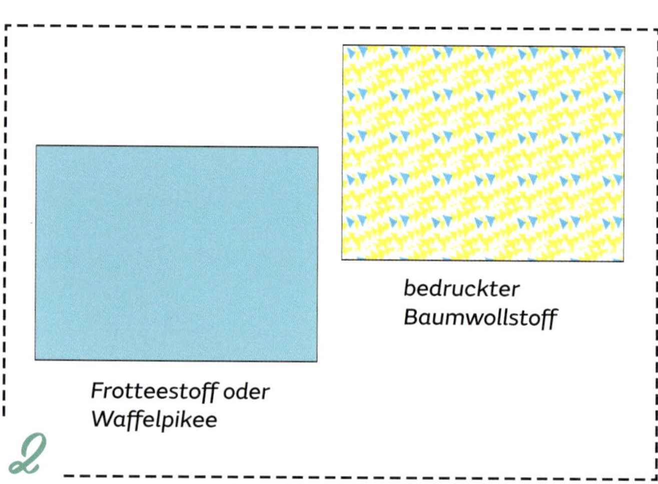

Übertragen Sie diese Schablone einmal auf den bedruckten Baumwollstoff und einmal auf das saugfähige Küchentuch oder den Waffelpikee.

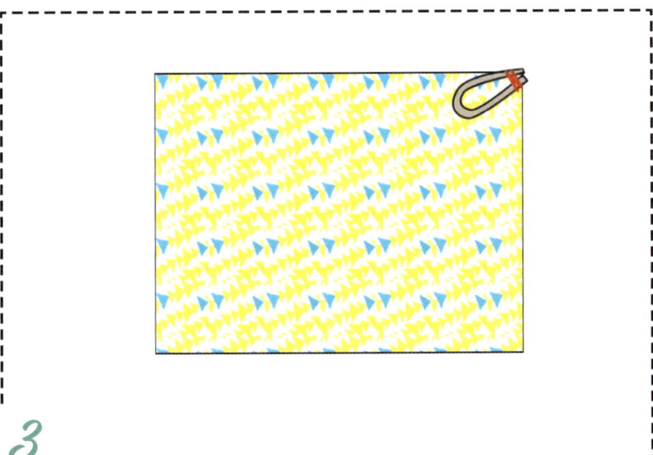

3

Schlagen Sie die Kordel zur Hälfte um und legen Sie sie mit der Schlaufe zur Vorderseite an eine Ecke des bedruckten Baumwollstoffs. Steppen Sie die Kordel am Rand fest (mehrmals hin und zurück nähen).

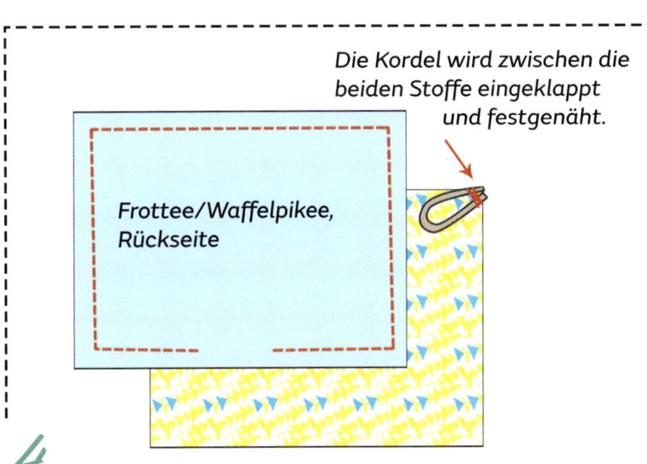

4

Stecken Sie die beiden Stoffe rechts auf rechts mit Nadeln aufeinander fest. Steppen Sie 1 cm vom Rand und beginnen und enden Sie in der Mitte einer Seite. Lassen Sie eine Öffnung von 5 cm zum Wenden. Schneiden Sie die Nahtzugabe außer an der Öffnung mit einer Zackenschere auf 5 mm zurück.

5

Sobald der Schwamm gewendet ist, füllen Sie ihn durch die Öffnung mit kleinen Stückchen Füllmaterial.

6

Stecken Sie die Öffnung zu und vernähen Sie sie von Hand (mit Nadel und Faden) mit Blindstich nahe am Rand. Sie können den Schwamm auch mit der Maschine rundherum knappkantig absteppen. Verlängern Sie dafür den Geradstich!

Lebensmittelbeutel

Diese hübschen Beutel werden verwendet, um unverpackte Lebensmittel zu kaufen: Reis, Nudeln, Trockenfrüchte, Trockengemüse und alles, was ohne Verpackung angeboten wird. Am besten nähen Sie sie aus einem sehr leichten Stoff (um zu verhindern, dass sie zu schwer sind, was beim Abwiegen der Lebensmittel ins Gewicht fällt).

ZEITAUFWAND *45 Minuten* für 1 Beutel

SIE BRAUCHEN

für einen Beutel:

- **60 cm x 25 cm dünnen Baumwollstoff (wenn möglich GOTS-zertifiziert)**
- **1,40 m Kordel (2 x 70 cm, 4 mm dick) oder ein dünnes Band**

TIPPS FÜR LEBENSMITTELBEUTEL

Waschen
Ihre Lebensmittelbeutel sind bei 40 °C waschbar, außer Sie verwenden für den Zugsaum ein empfindliches Band anstelle der Kordel. In diesem Fall waschen Sie nur bei 30 °C.

Stoffe mit Musterverlauf
Wenn Sie auf dem Kopf stehende Motive auf einer der Seiten Ihres Beutels vermeiden wollen, haben Sie zwei Möglichkeiten.

1) Verwenden Sie einfarbigen Stoff oder Stoff mit einfachen Mustern (wie Tupfen, Blumen, Sterne usw.)
2) Wenn Ihr Stoffmotiv eine Längsrichtung nach oben oder unten hat, müssen Sie, statt den Stoff nur zu falten, die Beutelseiten zweimal zuschneiden und unten eine Nahtzugabe von 1 cm hinzufügen. Legen Sie zwei Stoffseiten aufeinander – rechts auf rechts – und nähen Sie sie 1 cm vom unteren Rand zusammen. Die weiteren Schritte bleiben gleich.

#ZDPOWER
WWW.COUTURADDICT.COM

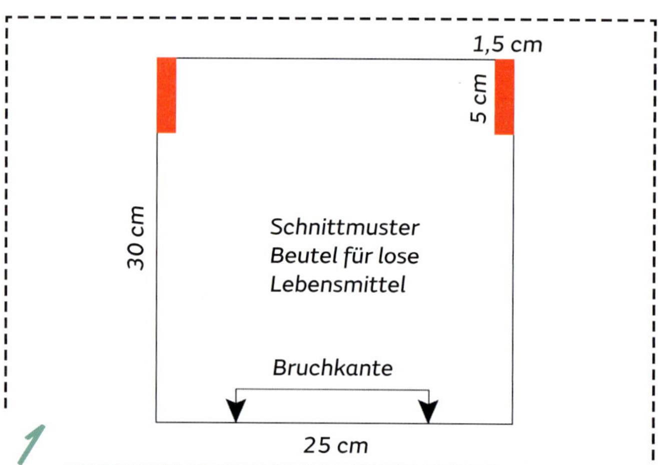

Zeichnen Sie auf festeres Papier oder Karton ein Rechteck von 30 cm x 25 cm. Schneiden Sie jeweils ein Rechteck von 5 cm x 1,5 cm an den beiden oberen Längsseiten aus. Dieses Schnittmuster enthält eine Nahtzugabe (1,5 cm) und muss an den Stoffbruch angelegt werden.

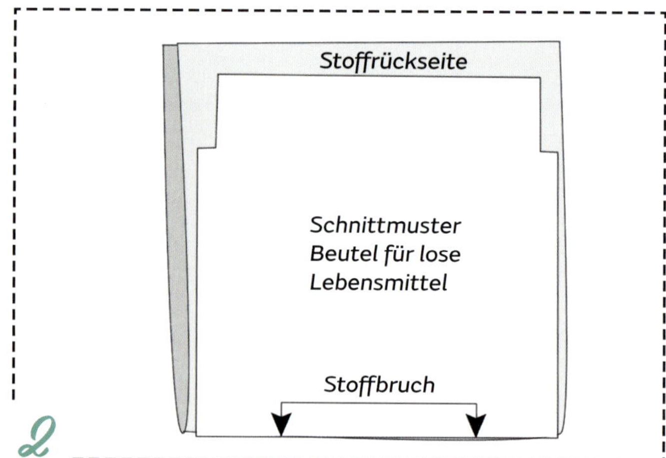

Legen Sie die Schablone an den Stoffbruch an und zeichnen Sie die Umrisse auf die Rückseite des Stoffes. Vorsicht: Wählen Sie keinen Stoff mit Musterverlauf, denn eine Seite wäre dann verkehrt herum! Für einen Beutel mit symmetrischem Muster schneiden Sie zwei separate Seitenteile zu (siehe auch S. 28).

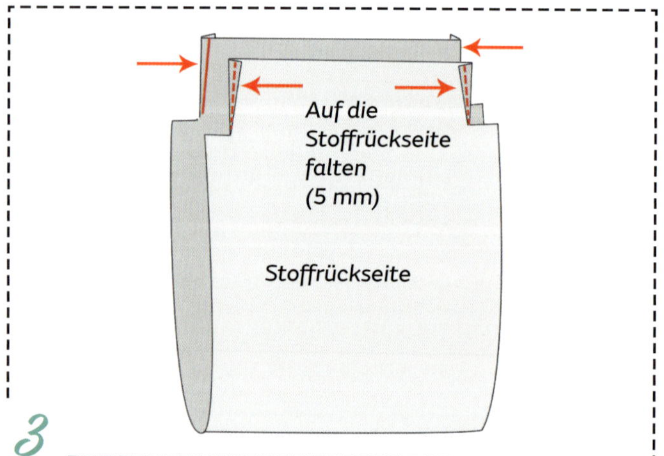

Falten Sie die vier kurzen Abschnitte oben auf die Stoffrückseite (5 mm) und steppen Sie diesen Umschlag mit dem Geradstich der Maschine ab. Hier werden die Öffnungen für den Zugsaum sein.

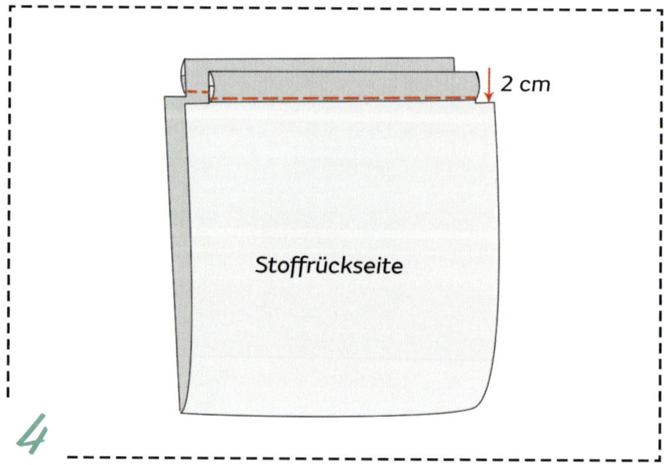

Schlagen Sie die oberen beiden Enden des Beutel 1 cm, dann nochmals 2 cm nach links um. Bügeln Sie den Saum ab, stecken Sie ihn mit Nadeln fest und nähen Sie ihn am unteren Ende mit Geradstich fest.

#ZDPOWER!
WWW.COUTURADDICT.COM

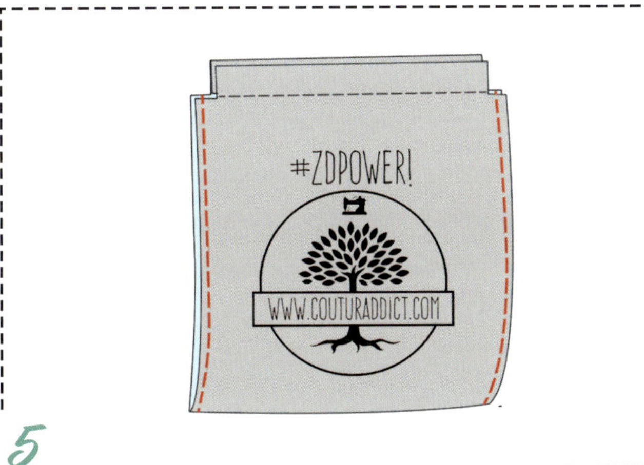

5

Wir machen eine französische Naht. Dafür wenden Sie den Beutel, sodass links auf links liegt, und steppen die beiden Längsseiten (rechts und links) 5 mm vom Rand mit Geradstich ab.

Stoffrückseite

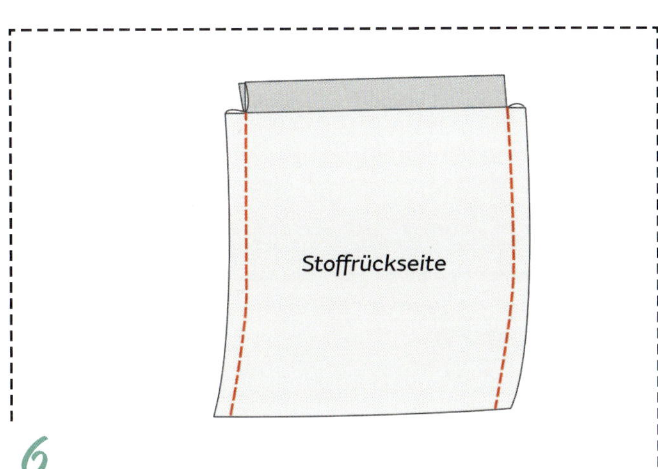

6

Wenden Sie den Beutel wieder auf die Stoffrückseite und schließen Sie die Naht von Schritt 5 mit einer weiteren Naht 1 cm vom Rand auf beiden Seiten des Beutels: Die französische Naht ist fertig! Ebenso der Beutel, aber die Kordeln müssen noch in den Saum gezogen werden.

Einführen der Kordeln
Ziehen Sie mithilfe einer Sicherheitsnadel die zwei Kordeln wie auf der Abbildung gezeigt durch den Saum.

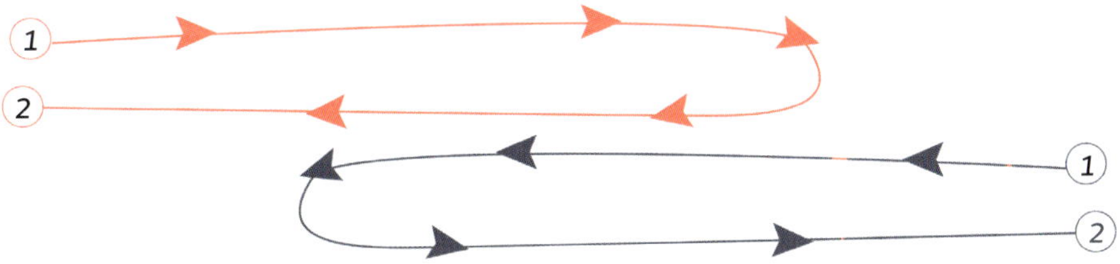

1
2
1
2

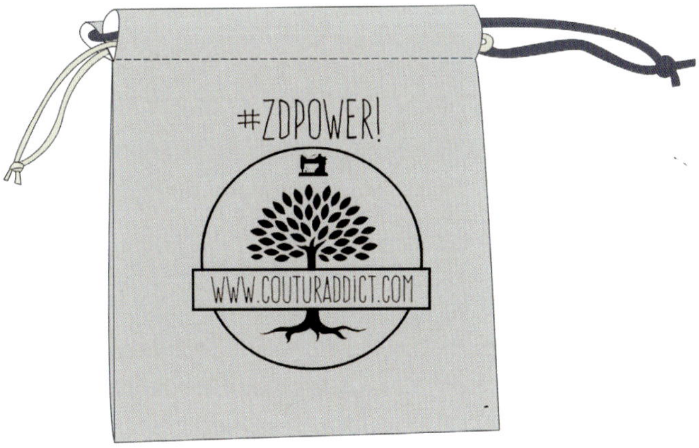

#ZDPOWER!
WWW.COUTURADDICT.COM

Salatbeutel

In diesem Salatbeutel können Sie gewaschenen und geschleuderten Salat mehrere Tage im Kühlschrank aufheben: Sein Innenfutter aus einem Passiertuch aus Mull absorbiert überschüssige Feuchtigkeit und der beschichtete Baumwollstoff verhindert eine Verteilung der Feuchtigkeit auf die anderen Lebensmittel im Kühlschrank … Viel praktischer als jede Schüssel wird dieser Stoffbeutel Ihren Salat frisch halten!

NIVEAU 1 2 3 | ZEITAUFWAND 1 Stunde für 1 Beutel

SIE BRAUCHEN

für einen Salatbeutel:

- **40 x 40 cm Mulltuch oder möglichst GOTS-zertifizierten Baumwollstoff**
- **40 x 40 cm beschichtete Baumwolle oder wasserabweisende Gabardine**
- **9 cm Schrägband**
- **1 Knopf mit 20 bis 25 mm Durchmesser**

SCHNITTMUSTER

Das Schnittmuster für den Salatbeutel finden Sie auf S. 98.

TIPPS FÜR SALATBEUTEL

Waschen

Ihre Salatbeutel werden per Hand und mit Kernseife gewaschen, wenn Sie einen beschichteten Baumwollstoff verwenden (nicht maschinenwaschbar). Wählen Sie wasserabweisende Gabardine, kann er bei bis zu 30 °C in der Maschine gewaschen werden. Danach müssen Sie den Beutel bei nicht zu hoher Temperatur kurz bügeln, damit sich die Stofffasern schließen und er wasserdicht bleibt.

Alternative

Sie können diese Beutel auch nach dem Prinzip der Wiederverwertung nähen: Verwenden Sie für die Innenseite alte Lappen oder Baumwollfrottee und Baumwollstoff für die Außenseite, auch wenn der vielleicht nicht wasserdicht ist. Sie können statt des Knopfes auch drei oder vier Druckknöpfe am oberen Ende des Beutels anbringen. Denken Sie in diesem Fall daran, den Stoff unter den Druckknöpfen mit kleinen Stoffstücken zu verstärken, damit der Stoff beim Öffnen des Beutels nicht kaputtgeht.

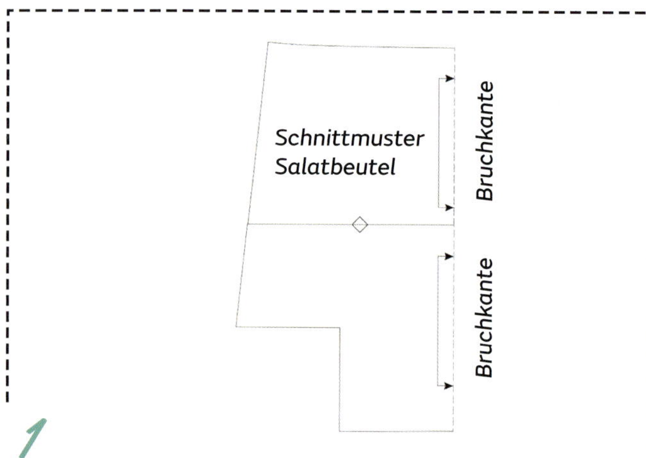

Kopieren Sie die zwei Teile des Schnittmusters von Seite 98 und fixieren Sie sie mit einem Klebeband aneinander. Es handelt sich um eine halbe Schablone, die Sie an den Stoffbruch anlegen müssen; die Nahtzugaben (1 cm) sind enthalten.

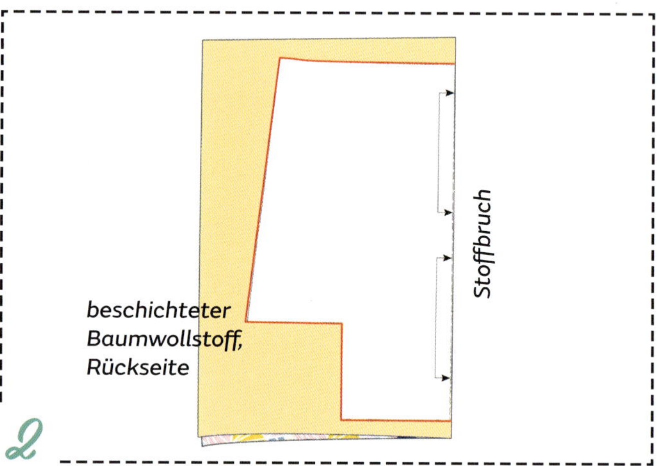

Übertragen Sie das Schnittmuster auf die Rückseite der Stoffe: 2-mal aus beschichtetem Baumwollstoff, 2-mal aus Mulltuch (oder einem anderen Bio-Baumwollstoff). Schneiden Sie die Teile aus.

Sie erhalten vier Teile wie oben gezeigt: zwei aus beschichteter Baumwolle und zwei aus Mulltuch.

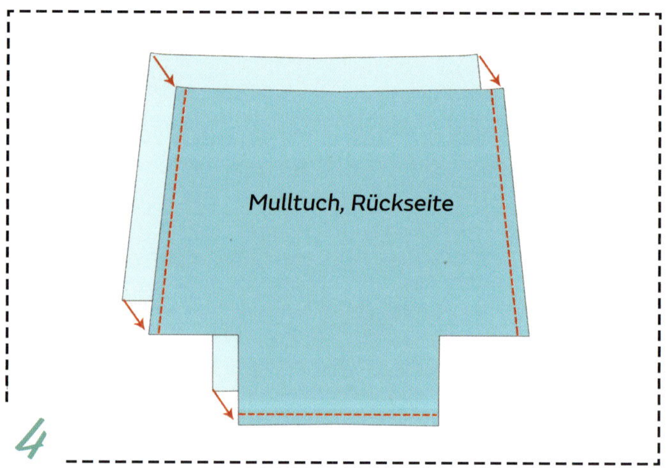

Stecken Sie die Mullteile mit Stecknadeln aufeinander. Steppen Sie an drei Seiten die Stoffe 1 cm vom Rand entfernt: rechts, links und unten; die Aussparungen werden ausgelassen.

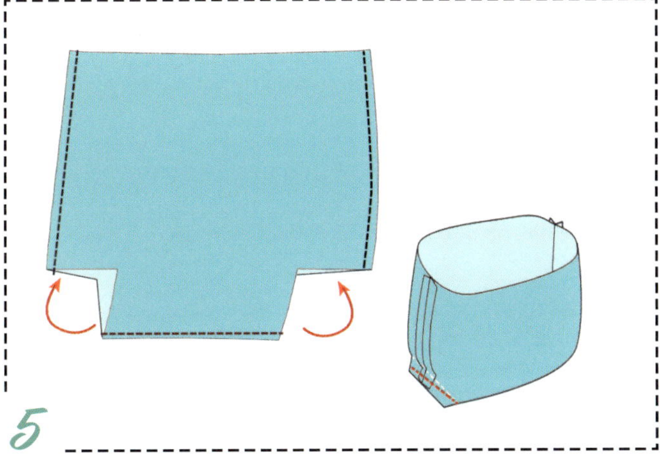

Klappen Sie die Teile so auseinander, dass die untere Naht und die seitlichen Nähte aufeinandertreffen. Stecken Sie die Kanten zusammen und steppen Sie sie 1 cm vom Rand entfernt ab. Streichen Sie die Naht von innen aus.

Wiederholen Sie Schritt 4 und 5 mit der beschichteten Baumwolle.

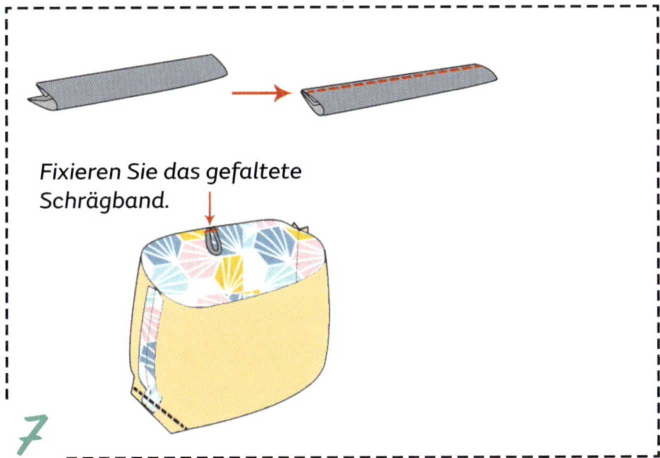

Falten Sie das Schrägband wie gezeigt der Länge nach, steppen Sie knapp am Rand, falten Sie es in der Mitte und fixieren Sie die Schlaufe an einer der beschichteten Stoffseiten des Beutels (Schlaufe zeigt nach innen). Nähen Sie sie am Rand fest.

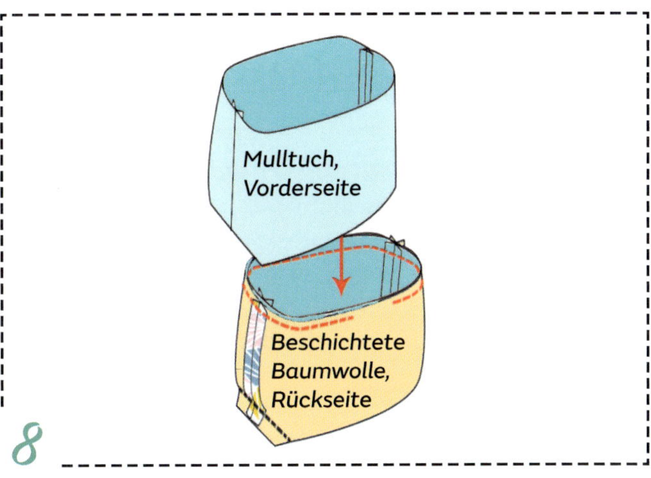

Stecken Sie die beiden Beutel (rechts auf rechts) so ineinander, dass die Seitennähte aufeinandertreffen. Stecken Sie den oberen Rand zusammen und steppen Sie 1 cm vom Rand entfernt rundherum. Lassen Sie dabei eine Öffnung zum Wenden.

Wenden Sie den Beutel durch die Öffnung auf die Vorderseite. Schlagen Sie die Nahtzugaben nach innen und steppen Sie den Rand rundherum knappkantig ab.

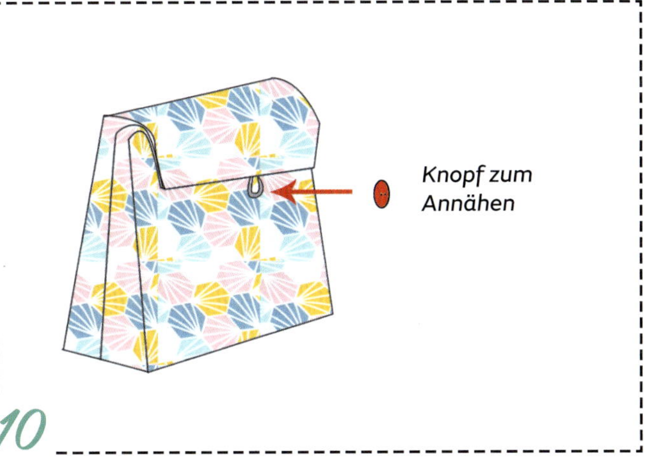

Falten Sie das Oberteil des Beutels 6 cm nach unten, um die Stelle für den Knopf zu markieren. Dort, wo sich die Schlaufe befindet, machen Sie einen Markierungspunkt und nähen den Knopf an.

Sandwich-Tasche

Diese Sandwich-Tasche mit einem raffinierten Klettverschluss passt sich der Form Ihres Frühstücks an: ob belegtes Brötchen, Pausenbrot oder Sandwich – Ihre Brotzeit bleibt gut verpackt, und das ohne Plastik!

ZEITAUFWAND | *1 Stunde* für 1 Tasche

SIE BRAUCHEN

für die Sandwich-Tasche:

- **60 cm PUL-Stoff (Stoff, der mit einer dünnen Schicht Polyurethan laminiert und dadurch wasserdicht ist), wasserabweisende Gabardine oder feinen beschichteten Baumwollstoff, 110 cm breit**
- **60 cm bedruckten Baumwollstoff, 110 cm breit**
- **Klettband: weich 25 cm, grob 10 cm.**

SCHNITTMUSTER

Sie finden das Schnittmuster der Sandwich-Tasche auf S. 96/97.

TIPP FÜR DIE SANDWICH-TASCHE

Waschen und Bügeln
Was haben Sie verwendet: beschichtete Baumwolle oder wasserabweisende Gabardine? Beschichtete Baumwolle sollten Sie per Hand und mit Kernseife waschen. Gabardine kann bei 30 °C in der Maschine gewaschen werden, muss aber gebügelt werden, damit der Stoff nach dem Waschen wasserdicht bleibt. Bügeln Sie mit niedriger Temperatur und sparen Sie den Klettverschluss dabei aus, da dieser beim Bügeln schmelzen würde!

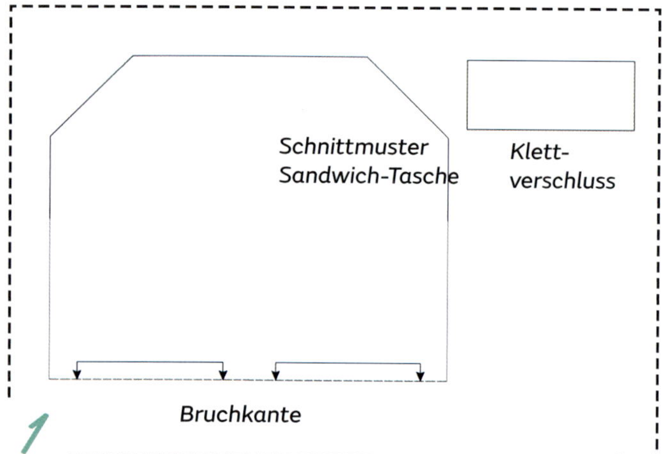

Kopieren Sie die Schnittmuster von S. 96/97, schneiden Sie sie aus und kleben Sie sie so zusammen, dass die Markierungen Kante an Kante aufeinandertreffen. Diese Schablone wird am Stoffbruch angelegt, die Nahtzugaben (1 cm) sind enthalten.

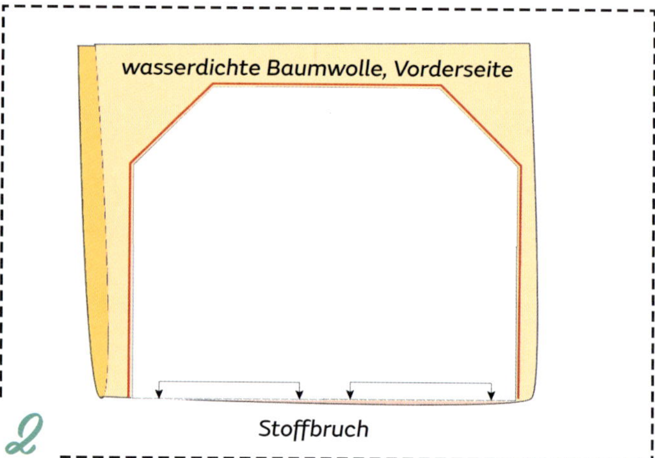

Übertragen Sie die Umrisse dieser Schablone auf die wasserdichte Baumwolle und auf die bedruckte Baumwolle. Schneiden Sie die zwei Lagen jeden Stoffes zusammen aus.

Sie erhalten ein solches Schnittteil beschichteten oder wasserdichten Stoffes.

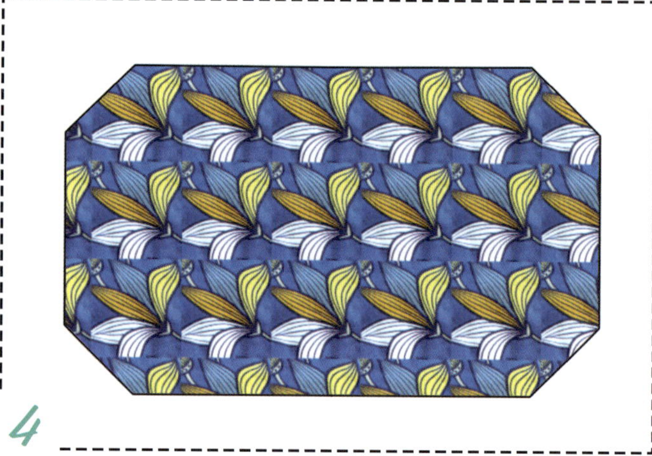

Auf die gleiche Weise erhalten Sie ein Schnittteil bedruckten Stoffes.

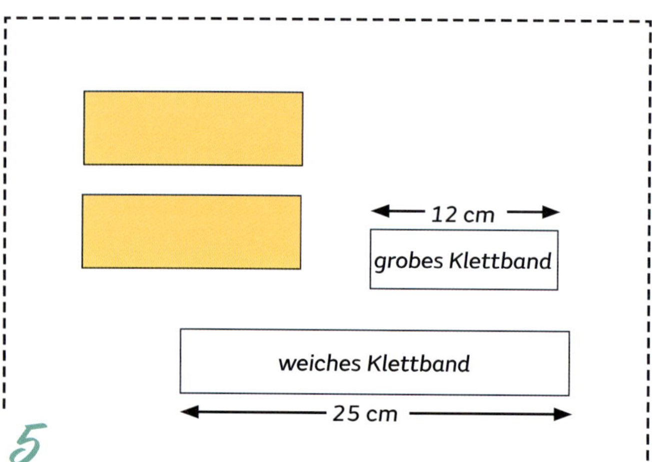

Schneiden Sie die Stücke für den Klettverschluss zweimal aus einem passenden einfarbigen Baumwollstoff aus.

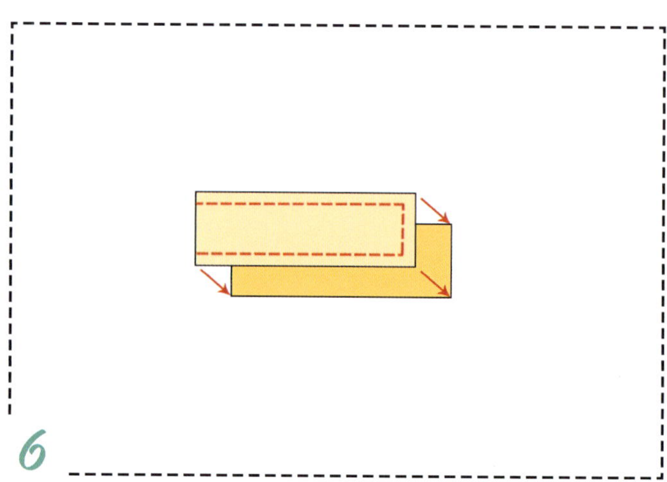

Stecken und steppen Sie die Stoffteile rechts auf rechts an drei Seiten 1 cm vom Rand entfernt aufeinander. Schneiden Sie die Nahtzugaben zurück, schrägen Sie die Ecken ab und wenden Sie den Verschluss auf rechts.

7

Formen Sie nun die Ecken aus und befestigen Sie darauf das grobe Klettband mit Stecknadeln etwa 2 cm von der kurzen, offenen Seite entfernt. Nähen Sie das Klettband an allen vier Seiten knappkantig fest.

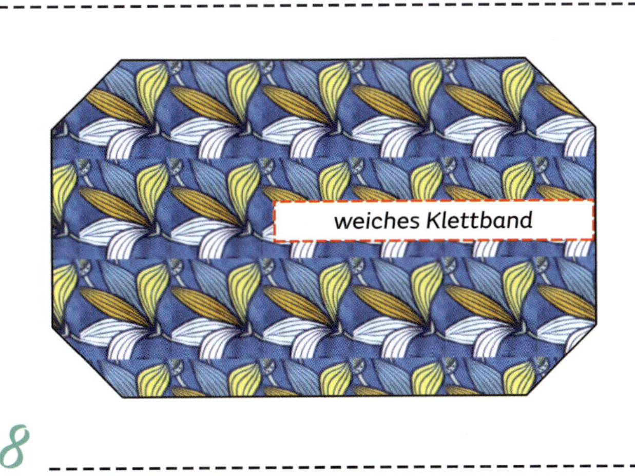

8

Legen Sie das Stück weiches Klettband auf der Vorderseite und mittig an eine der kurzen Seiten des bedruckten Baumwollstoffs. Stecken Sie es fest und nähen Sie es knappkantig auf allen vier Seiten an.

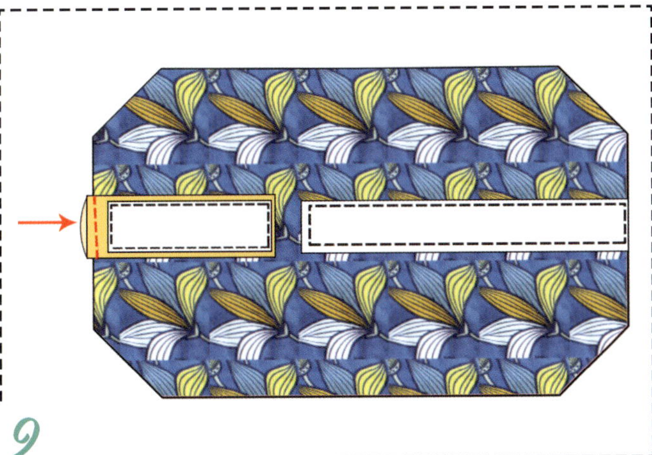

9

Stecken und steppen Sie nun knappkantig die Verschlusslasche in der Mitte der gegenüberliegenden Seite fest (immer noch auf der Vorderseite des bedruckten Baumwollstoffs); das Klettband zeigt zu Ihnen.

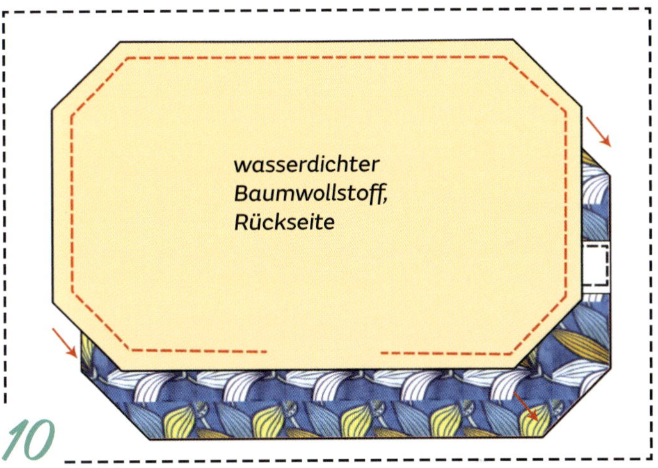

10

Legen und stecken Sie den wasserdichten Baumwollstoff rechts auf rechts auf den bedruckten Baumwollstoff. Nähen Sie 1 cm vom Rand entfernt einmal rundherum und lassen Sie eine Öffnung von 6 cm zum Wenden.

11

Schneiden Sie außer an der Öffnung die Nahtzugaben zurück, schrägen Sie die Ecken ab und wenden Sie die Hülle durch die Öffnung auf die Vorderseite.

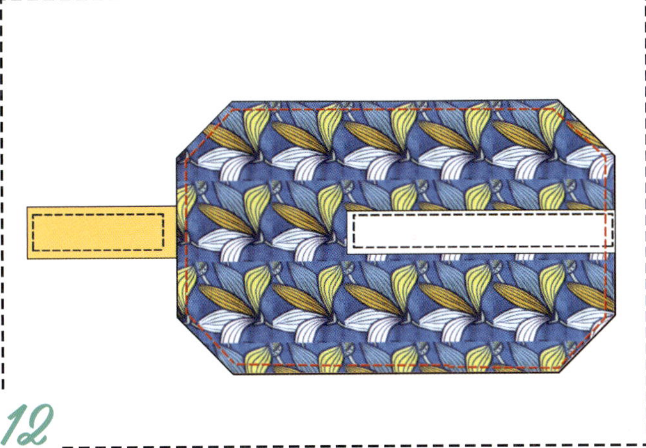

12

Fahren Sie die Ecken mit einem Stäbchen aus, streichen Sie die Nähte glatt und schlagen Sie die Nahtzugabe nach innen. Steppen Sie die Tasche knappkantig rundum und schließen Sie dabei die Öffnung.

Abdeckhaube

Sie brauchen weder Alu- noch Plastikfolie um Ihre Speisen abzudecken: Diese flexiblen Abdeckhauben aus gewöhnlicher und beschichteter Baumwolle schützen Ihre Lebensmittel im Kühlschrank genauso gut! Ich schlage vor, sie nach Maß zu nähen und der Größe der verwendeten Platten oder Schüsseln anzupassen.

ZEITAUFWAND | *1 Std. 15 min.* für 1 Abdeckhaube

SIE BRAUCHEN

für eine Abdeckhaube für Schüsseln oder Platten:

- **beschichtete Baumwolle oder wasserabweisende Gabardine mit dem Durchmesser der Platte + 20 cm**
- **bedruckte Baumwolle mit dem Durchmesser der Platte + 20 cm**
- **flaches Gummiband, 5 mm breit, Länge: Umfang der Platte minus etwa 20 %**

TIPPS FÜR DIE ABDECKHAUBE

Waschen und Bügeln
Die Reinigung ist abhängig von den Stoffen, die Sie verwendet haben: beschichtete Baumwolle oder wasserabweisende Gabardine? Beschichtete Baumwolle sollten Sie nicht in der Maschine, sondern per Hand und mit Kernseife waschen. Gabardine kann bei 30 °C in der Maschine gewaschen werden, muss aber gebügelt werden, damit der Stoff nach dem Waschen wasserdicht bleibt. Achten Sie auf eine niedrige Bügeltemperatur!

Alternative
Abdeckhauben für quadratische und rechteckige Platten? Verfahren Sie so wie für runde, schlagen Sie einfach die Rundungen des Tunnelsaums über die Ecken.

Legen Sie den Baumwollstoff und den beschichteten Baumwollstoff rechts auf rechts aufeinander. Stecken Sie die Stoffe am Rand aufeinander fest, damit sie nicht verrutschen.

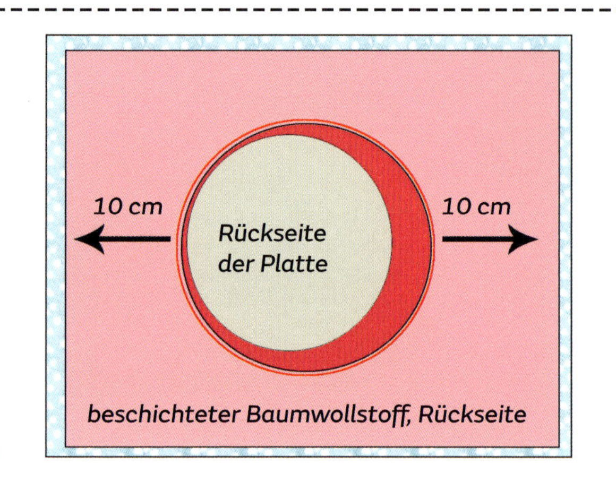

Übertragen Sie den Grundriss der Schüssel oder Platte auf den Stoff. Der Stoff muss mindestens 20 cm größer sein als der Durchmesser Ihrer Platte (10 cm rundherum).

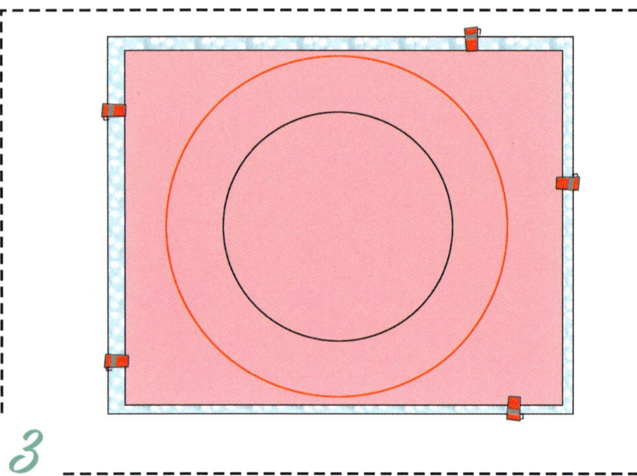

Ziehen Sie einen (konzentrischen) zweiten Kreis mit 10 cm größerem Radius um den ersten. Fixieren Sie die beiden Stoffe mit Nähclips oder Ähnlichem.

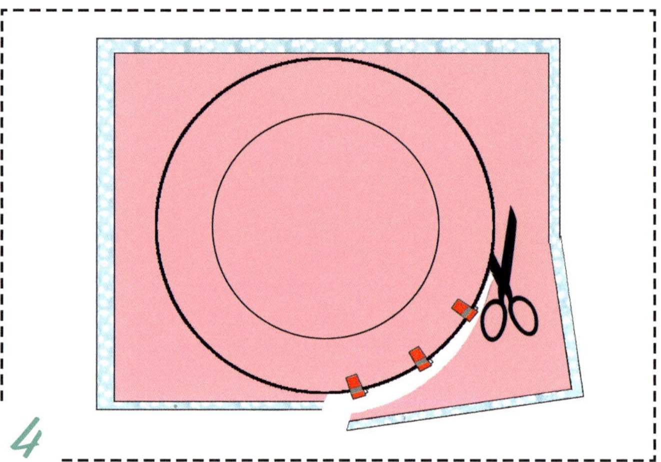

Schneiden Sie beide Stofflagen am Umriss des größeren Kreises entlang aus und fixieren Sie die beiden Stoffe nach und nach erneut.

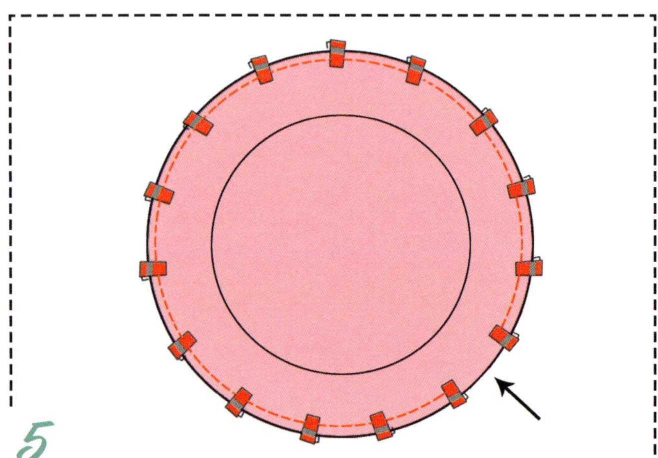

Steppen Sie die Stofflagen 1 cm vom Rand rundum und lassen Sie dabei eine Öffnung von 6 cm zum Wenden. Schneiden Sie – außer an der Öffnung – die Nahtzugabe zurück.

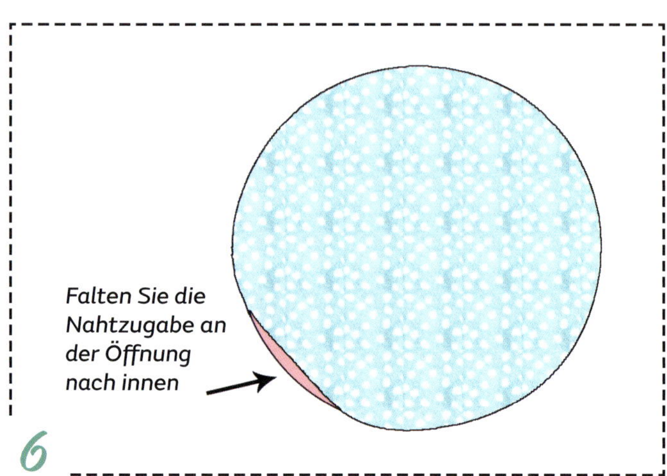

Wenden Sie die Abdeckhaube durch die Öffnung auf die Vorderseite, schlagen Sie die Nahtzugabe nach innen und glätten Sie die Nähte mit einem nicht zu heißen Bügeleisen.

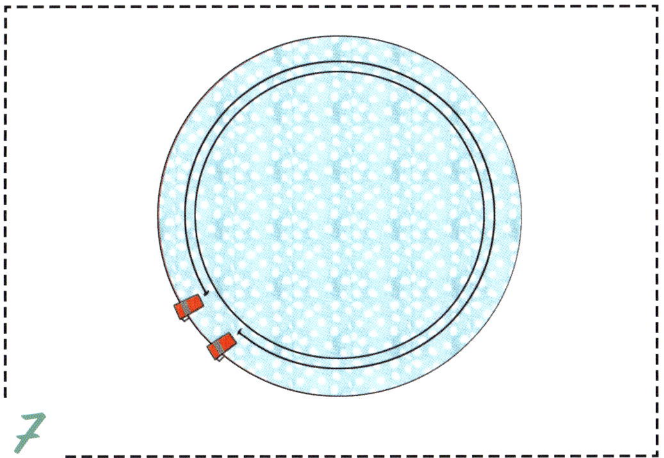

7

Zeichnen Sie mit einem Stift, der beim Bügeln verschwindet, im Abstand von 3 cm und 4 cm vom Rand der Abdeckhaube Markierungen. Verbinden Sie sie zu zwei konzentrischen Kreisen, die den Tunnel für den Gummizug bilden werden.

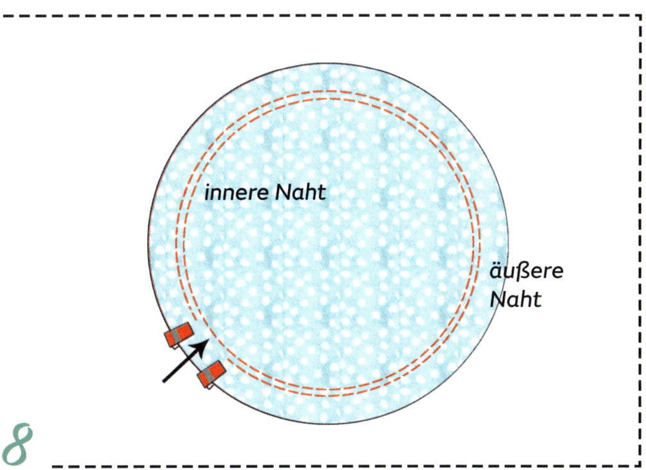

8

Steppen Sie zuerst den inneren Kreis (4 cm vom Rand) vollständig. Steppen Sie die zweite Naht entlang des äußeren Kreises (3 cm vom Rand), aber lassen Sie diesmal eine Öffnung, durch die Sie das Gummiband einziehen.

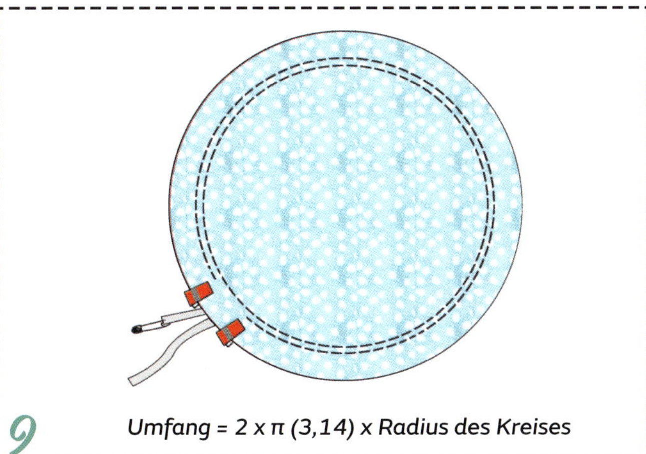

9 *Umfang = 2 x π (3,14) x Radius des Kreises*

Berechnen Sie den Umfang Ihrer Schüssel oder Platte und subtrahieren Sie davon 20%: das ergibt die Länge Ihres breiten Gummibandes. Befestigen Sie eine Sicherheitsnadel und ziehen Sie den Gummi in den Tunnel ein.

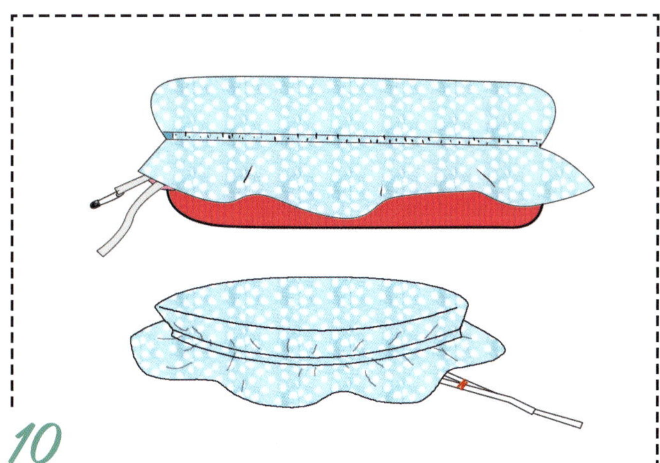

10

Setzen Sie die Abdeckhaube auf das Gefäß und passen Sie die Länge des Gummibandes an (passen Sie auf, dass es nicht im Tunnel verschwindet!). Nähen Sie mit mehreren Vorwärts- und Rückwärtsstichen das Gummiband mit der Maschine zusammen.

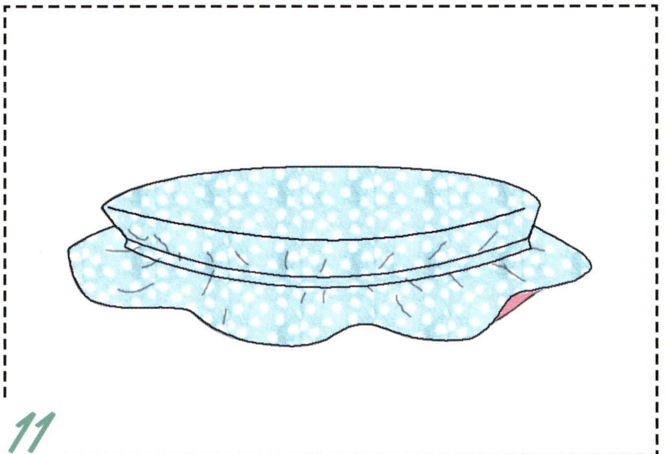

11

Schneiden Sie das Gummiband 1 cm von der Naht entfernt ab und führen Sie es dann in den Tunnel ein. Schließen Sie die Öffnung des Tunnels mit der Maschine und vergessen Sie dabei nicht, die Naht zu sichern.

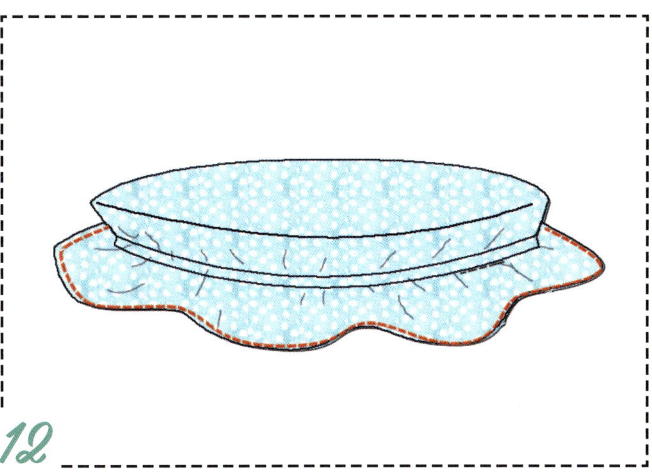

12

Steppen Sie zum Schluss knappkantig rund um den äußeren Rand der Abdeckhaube.

Lunchbeutel

Dieser Lunchbeutel ist ideal, um Essen zur Arbeit mitzunehmen: weder zu groß noch zu klein für Ihr Sandwich (mit seiner waschbaren Hülle, Seite 36), Ihr Besteck, eine kleine Trinkflasche aus Edelstahl … Es ist zu erwarten, dass Ihre Freunde unbedingt den gleichen haben möchten.

ZEITAUFWAND 2 Std. 30 Min. für 1 Beutel

SIE BRAUCHEN

für einen Lunchbeutel:

- **40 cm bedruckten Baumwollstoff, 110 cm breit, für die Tasche und den Henkel**
- **40 cm beschichteten Baumwollstoff oder wasserabweisende Gabardine, 110 cm breit für das Innenfutter des Lunchbeutels und das Futter der Klappe**
- **20 x 20 cm bedruckten Baumwollstoff für die Klappe (Außenseite)**
- **40 cm Wattevlies oder aufbügelbare Vlieseline H630, um die Form zu verstärken**
- **12 cm weiches Klettband und 12 cm grobes Klettband**

SCHNITTMUSTER

Das Schnittmuster für den Lunchbeutel finden Sie auf Seite 99.

TIPP FÜR LUNCHBEUTEL

Waschen und Bügeln
Ihr Lunchbeutel sollte von Hand gewaschen werden (mit Schwamm und Seifenwasser), wenn Sie beschichtete Baumwolle gewählt haben. Wenn Sie sich für wasserabweisende Gabardine entschieden haben, kann er bei 30 °C in die Waschmaschine (in diesem Fall Bügeln bei niedriger Temperatur, damit er wieder wasserdicht wird).

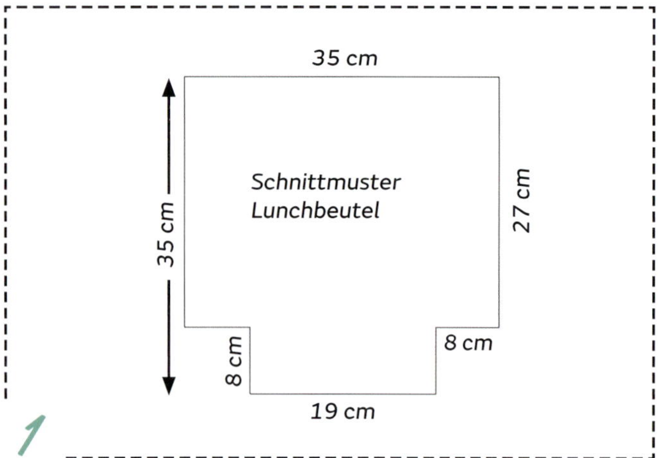

Zeichnen Sie das Schnittmuster des Lunchbeutels nach den obigen Angaben. Beachten Sie, dass das Schnittmuster die Nahtzugaben enthält (1 cm).

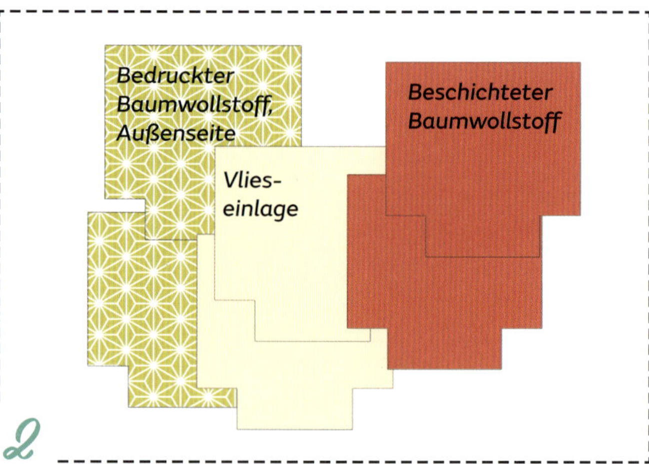

Schneiden Sie das Schnittteil 2-mal aus dem bedruckten Baumwollstoff, 2-mal aus dem beschichteten Baumwollstoff und 2-mal aus der Vlieseline aus.

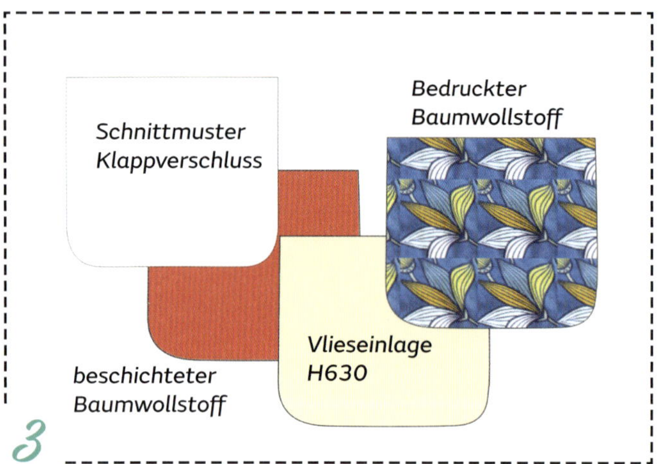

Kopieren Sie das Schnittmuster für die Klappe von Seite 99 und schneiden Sie es einmal aus dem bedruckten Baumwollstoff, 1-mal aus dem beschichteten Baumwollstoff und 1-mal aus der Vlieseline aus.

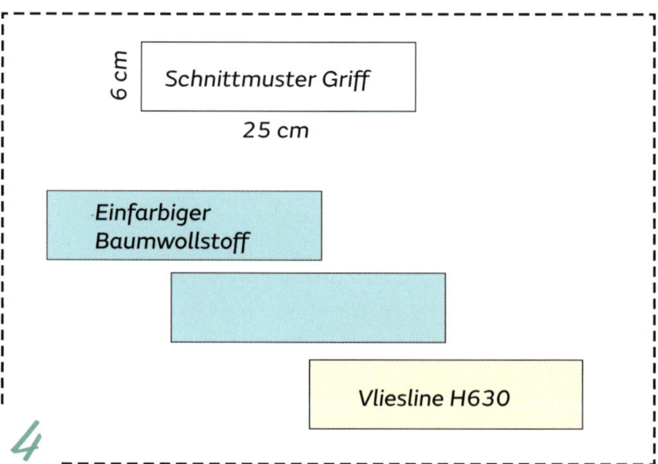

Zeichnen Sie das Schnittmuster für den Griff auf und schneiden Sie diesen 2-mal aus Baumwollstoff und 1-mal aus der Vlieseline aus.

Bügeln Sie die Vlieseline mithilfe eines Bügeltuchs auf die Rückseite des bedruckten Baumwollstoffes, der Klappe und des Griffs auf. (Achtung: Die raue Seite der Vlieseline liegt dabei auf dem Stoff!)

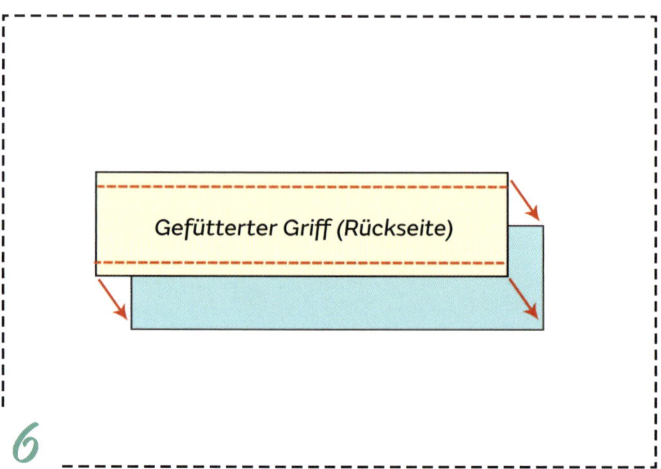

Stecken Sie die zwei Teile für den Griff rechts auf rechts aufeinander und nähen Sie die zwei langen Seiten 1 cm vom Rand zusammen. Wenden Sie den Griff auf die Vorderseite.

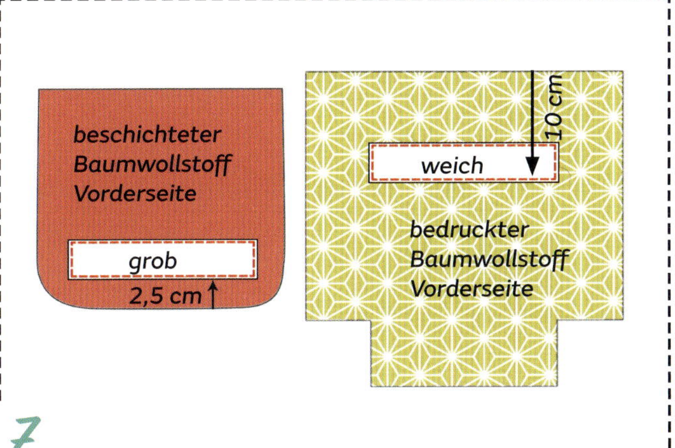

Nähen Sie 2,5 cm vom abgerundeten Ende auf der Vorderseite der Klappe aus beschichteter Baumwolle das grobe Klettband auf. Nähen Sie das weiche Klettband 10 cm vom oberen Rand auf die Vorderseite eines der Teile aus bedrucktem Baumwollstoff.

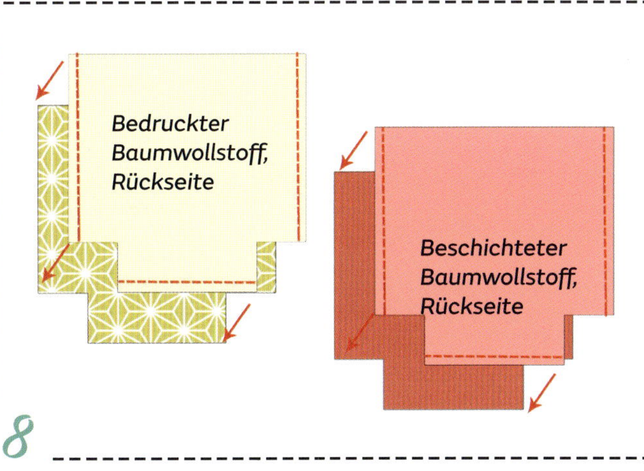

Legen Sie die Teile des Beutels zusammen: zwei aus beschichtetem Baumwollstoff, zwei aus bedruckter Baumwolle, jeweils rechts auf rechts. Stecken Sie sie mit Nadeln fest und nähen Sie drei Seiten jeweils 1 cm vom Rand entfernt zusammen.

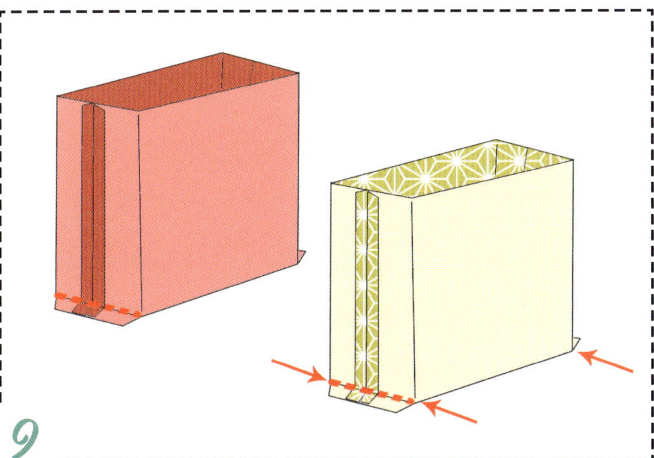

Klappen Sie den unteren Teil so zusammen, dass die Seitennähte mit den Bodennähten übereinstimmen. Steppen Sie die Kanten auf beiden Seiten und bei beiden Stoffbeuteln 1 cm vom Rand entfernt ab.

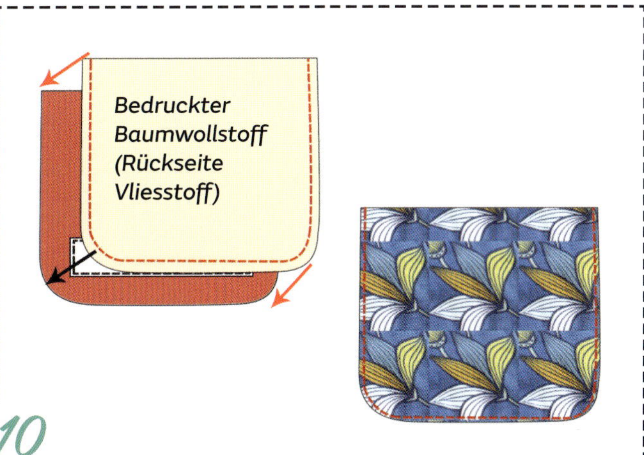

Stecken Sie die Klappenteile rechts auf rechts zusammen und steppen Sie die abgerundete Partie 1 cm vom Rand entfernt ab (nicht den geraden oberen Teil). Schneiden Sie die Nahtzugabe zurück, wenden Sie die Klappe und steppen Sie den gerundeten Rand knappkantig ab.

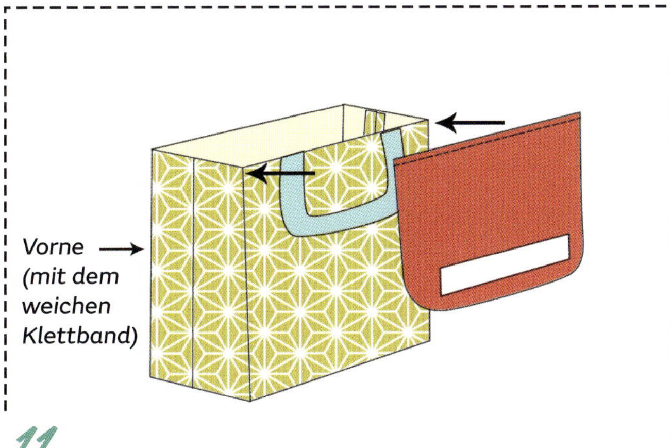

Platzieren Sie den zur Hälfte gefalteten Griff 4 cm von der Mitte aus nach rechts und links, darüber die Klappe, auch sie zentriert. Steppen Sie alles knappkantig ab.

Setzen Sie den Beutel aus bedrucktem Stoff rechts auf rechts in das Innere des Beutels aus beschichteter Baumwolle. Steppen Sie oben 1 cm vom Rand entfernt und lassen Sie dabei eine Öffnung. Wenden Sie den Beutel und steppen Sie am oberen Rand knappkantig rundum.

Teefilter

Diese kleinen waschbaren Filter sind ein idealer Ersatz für ihre entsprechenden Wegwerf-Pendants: Kaufen Sie Tee in verschiedenen Geschmacksrichtungen lose und bewahren Sie ihn in hübschen Metalldosen oder kleinen Glasbehältern auf!

ZEITAUFWAND | *30 Minuten* für 1 Filter

SIE BRAUCHEN

für einen Teefilter:

- **25 cm Passiertuch aus Baumwolle (Mulltuch)**
- **60 cm Küchengarn oder unbehandelte Leinenschnur (2 x 30 cm)**
- **eine Wollnadel, um die Schnur durch den Tunnel zu ziehen**

SCHNITTMUSTER

Sie finden das Schnittmuster für den Teefilter auf Seite 101.

TIPPS FÜR TEEFILTER

Waschen
Das Mulltuch ist ein sehr feiner und zarter Stoff. Sie müssen es daher beim Waschen vorsichtig behandeln (Handwäsche). Sie können Kernseife verwenden und gut ausspülen. Waschen Sie den Filter gleich nach Gebrauch aus, um Flecken zu vermeiden.

Nähen
Da dieser Stoff empfindlich ist, sollten Sie mit einer dünnen (Universal-) Nadel nähen, Typ »Standard«, aber höchstens in der Stärke 70 oder 80.

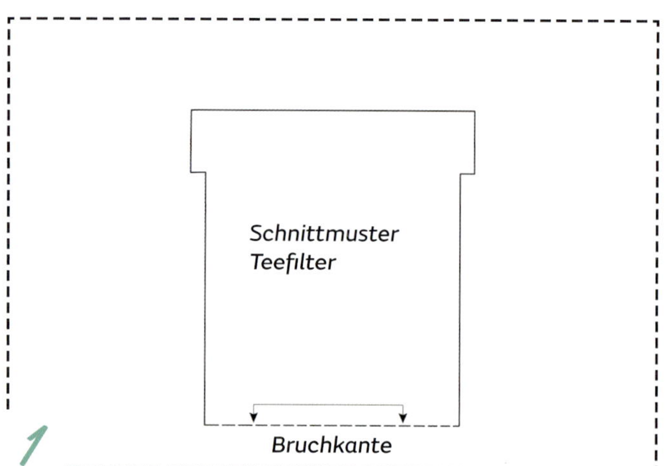

Kopieren Sie das Schnittmuster von Seite 101. Es enthält Nahtzugaben (5 mm) und wird an den Stoffbruch angelegt.

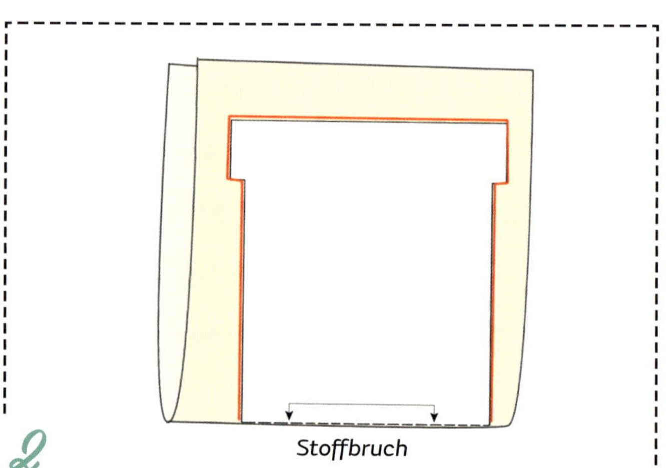

Legen Sie das Schnittmuster an die Bruchkante des Stoffes (Passiertuch, auch Mulltuch) an. Zeichnen Sie die Umrisse nach und schneiden Sie beide Lagen des Stoffes aus.

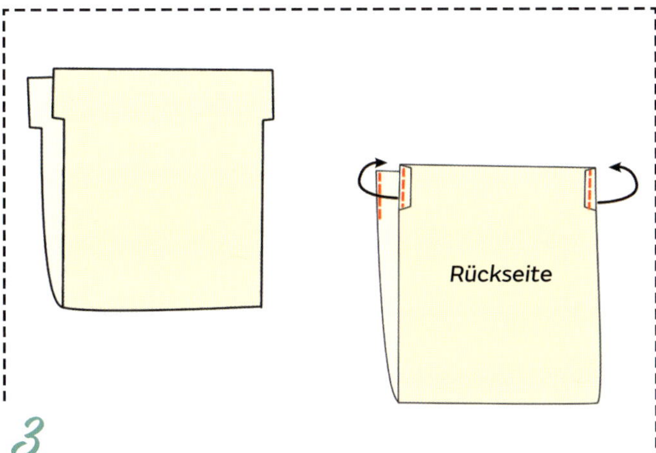

Falten Sie die kleinen Flügel auf die Rückseite und nähen Sie sie mit Geradstich einige Millimeter vom Rand entfernt fest.

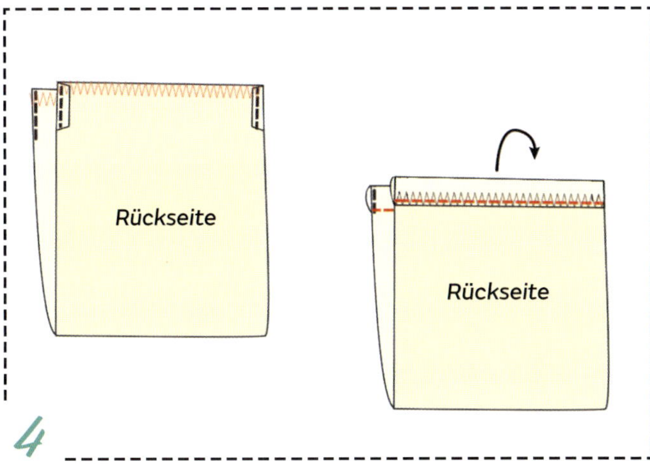

Versäubern Sie den oberen Rand (die beiden kürzeren Seiten) des Filters mit Zickzackstich nahe am Rand. Falten Sie den oberen Teil 1 cm nach unten, um einen Tunnelsaum zu bilden. Steppen Sie 8 mm unter dem Umschlag entlang der Versäuberungsnaht ab.

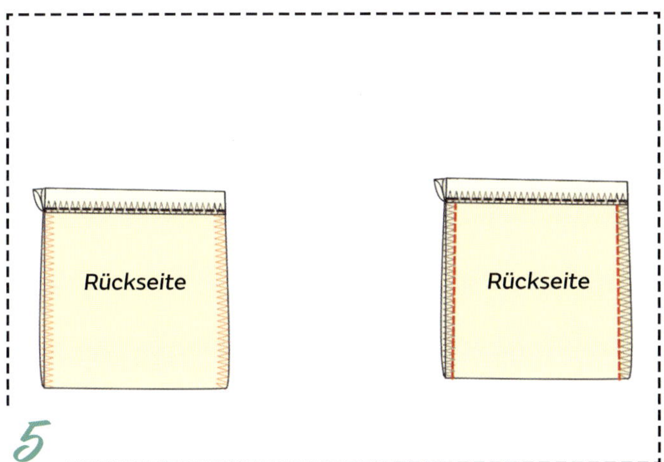

Versäubern und nähen Sie gleichzeitig die zwei Längsseiten mit Zickzackstich aneinander, rechts und links bis zum Tunnelsaum. Steppen Sie die zwei langen Seiten 5 mm vom Rand entfernt mit Geradstich auf der Innenseite der Zickzacknaht bis zum Tunnelsaum ab, um alles zu stabilisieren.

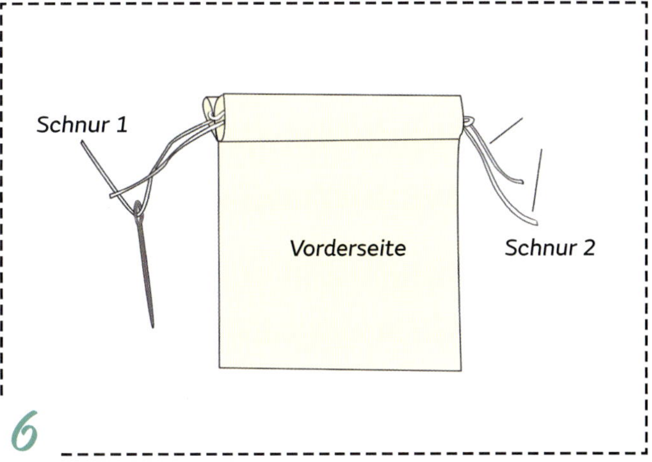

Wenden Sie Ihren Filter auf die Vorderseite und ziehen Sie die beiden Schnüre (wie bei dem Beutel für unverpackte Lebensmittel S. 31) mithilfe einer Wollnadel mit großem Nadelöhr in den Tunnelsaum ein.

Kaffeefilter

Hier nun als krönender Abschluss unserer kleinen Küchenhelfer die Kaffeefilter! Sie sind nicht nur nützlich, sondern verschönern Ihre Kaffeepause mit ihrer dekorativen Umrandung. Greifen Sie zu einem der vielen hübschen Schrägbänder, die überall angeboten werden, oder besser noch: Fertigen Sie sie selbst aus Ihrem Lieblingsstoff an!

ZEITAUFWAND | *30 Minuten* für 1 Filter

SIE BRAUCHEN

für einen Kaffeefilter:

– 25 cm Baumwoll-Passiertuch (Mulltuch)

– 35 cm Schrägband pro Filter

SCHNITTMUSTER

Sie finden das Schnittmuster für den Kaffeefilter auf Seite 100.

TIPPS FÜR KAFFEEFILTER

Waschen
Da der Baumwollmull ein sehr dünner und feiner Stoff ist, müssen Sie ihn von Hand mit Kernseife waschen. Natürlich müssen Sie damit rechnen, dass die Filter sich zusammen mit dem Kaffee im Laufe der Zeit verfärben – aber ist das so schlimm? Sie bleiben schön und nützlich!

Nähen
Achtung, dieser Stoff ist empfindlich! Verwenden Sie auf der Nähmaschine daher eine dünne (Universal-) Nadel, Typ »Standard«, aber höchstens in der Stärke 70 oder 80.

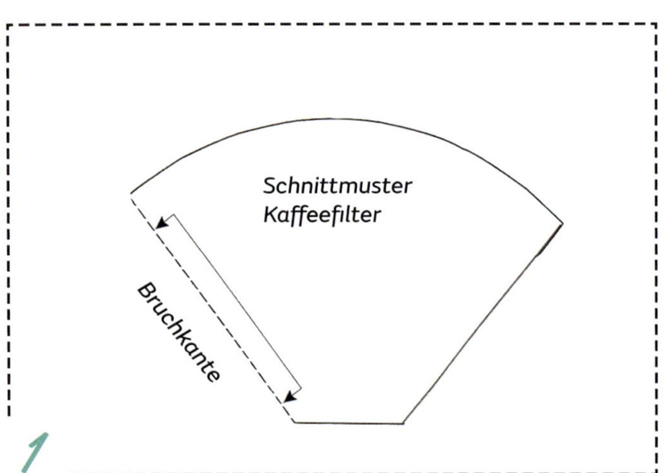

Kopieren Sie das Schnittmuster von Seite 100 und denken Sie daran, dass die Nahtzugaben (5 mm) enthalten sind und das Schnittmuster an den Stoffbruch angelegt werden muss.

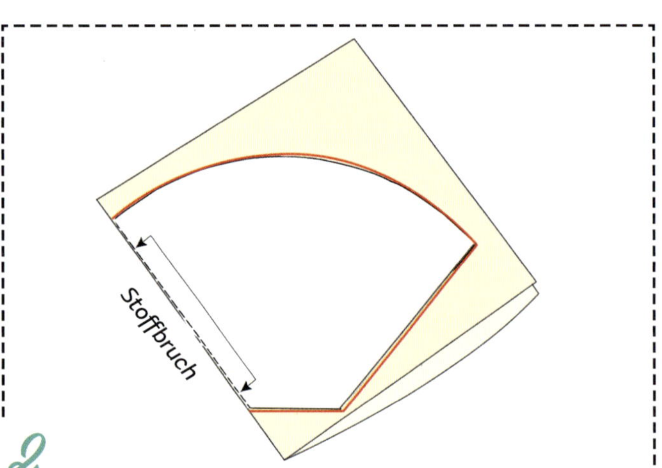

Legen Sie das Schnittmuster an die Bruchkante des Stoffes (Passiertuch aus Baumwoll, auch Mulltuch). Zeichnen Sie die Umrisse nach und schneiden Sie beide Lagen des Stoffes zusammen aus.

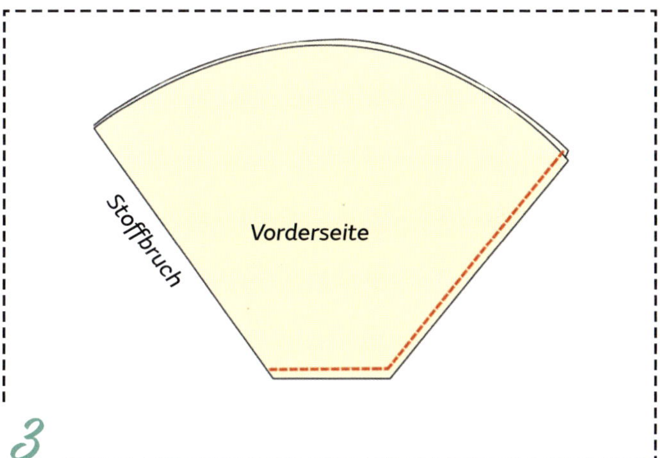

3

Stecken Sie den Stoff an den Rändern zusammen, links auf links. Wir machen eine französische Naht. Steppen Sie 4 mm vom Rand entfernt die beiden Seiten gegenüber dem Stoffbruch ab.

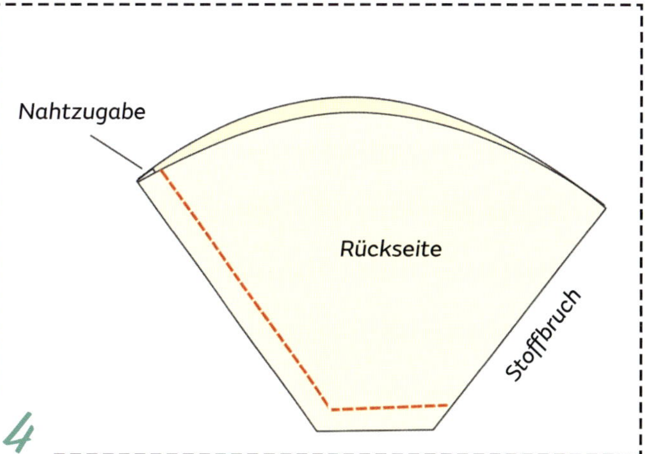

4

Schneiden Sie die Nahtzugaben leicht zurück, schrägen Sie die unteren Ecken ab und wenden Sie den Stoff auf die Innenseite. Wir verschließen die Nahtzugabe mit einer erneuten Naht.

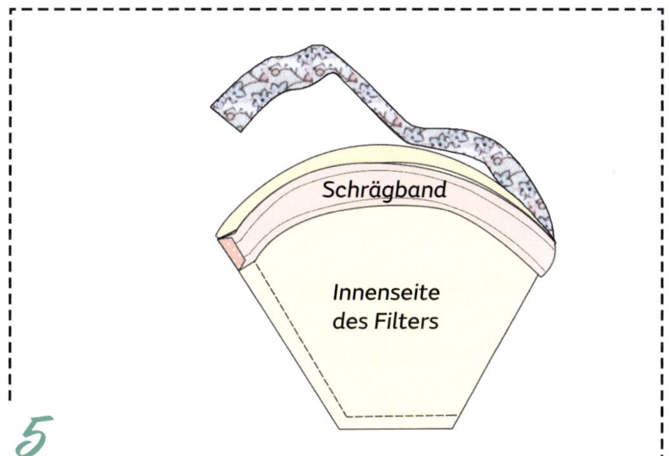

5

Stecken Sie das ausgeklappte Schrägband mit der Vorderseite auf der Innenseite des Filters fest. Schlagen Sie das Ende des Schrägbandes nochmals ein. Machen Sie etwa 5 mm vom oberen Rand entfernt eine erste Naht rund um den Filter und orientieren Sie sich dabei an der oberen Umschlagkante des Schrägbandes: Das Ende des Schrägbands verdeckt den Anfang.

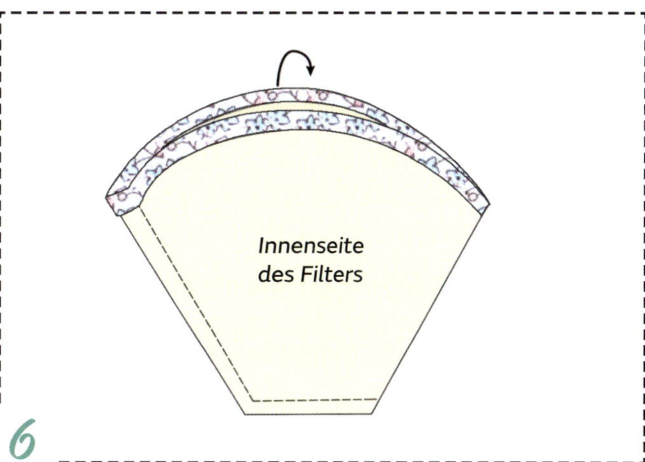

6

Legen Sie das Schrägband so um die Außenseite des Filters, dass es den oberen Rand umschließt. Achten Sie darauf, dass es mehr nach innen zeigt und stecken Sie es mit Nadeln fest. Nähen Sie das Schrägband erneut rundherum fest, von derselben Seite beginnend wie in Schritt 5 und parallel zur vorhergehenden Naht, bis Sie den Anfang Ihrer Naht erreichen. Vergrößern Sie dabei den Geradstich.

Nähideen fürs Bad

Stofftaschentücher

Sie können Abfälle durchaus reduzieren, indem Sie Papiertaschentücher durch eine waschbare Version ersetzen. Mein Modell ist nicht zu groß, und es ist zweilagig. Auf diese Weise sind sie nicht so durchlässig, und es genügt, nach dem Schnäuzen die Hände zu waschen und benutzte Taschentücher möglichst nicht auf den Esstisch zu legen, um allen Hygieneanforderungen zu genügen. In die Jacken- oder Hosentasche gesteckt, geben sie keine Krankheitskeime an andere weiter …

ZEITAUFWAND 1 Std. 30 Min. für 5 Taschentücher

SIE BRAUCHEN

für 5 Taschentücher:

– 30 cm bedruckten Baumwollstoff, 150 cm breit

– 30 cm doppellagige Baumwoll-Gaze, 150 cm breit

TIPPS FÜR TASCHENTÜCHER

Waschen
Die heutigen Waschmittel desinfizieren die Wäsche bereits bei 40 °C. Trotzdem sollten Sie Ihre Taschentücher bei starkem Schnupfen oder bei Grippe bei 60 °C waschen. Bügeln Sie Ihre Taschentücher dann mit Dampf, damit auch die letzten Krankheitskeime abgetötet werden, und wechseln Sie Ihr Taschentuch täglich.

Gebrauch
Papiertaschentücher sind nicht per se hygienischer als Stofftaschentücher, man wirft sie nur nach jedem Benutzen weg, sodass das Infektionsrisiko durch Kontakt gering ist. Wenn Sie wollen, dass Ihre Stofftaschentücher so hygienisch wie möglich sind, müssen Sie gewisse Grundregeln beachten.

1. Waschen Sie sich nach jedem Berühren des benutzten Taschentuchs (auch wenn Sie sich nicht gerade geschnäuzt haben, sondern es z. B. in der Tasche berührt hat) die Hände.
2. lassen Sie das Taschentuch nicht auf dem Ess- oder Schreibtisch liegen.
3. Bei starkem Schnupfen oder bei Grippe waschen Sie es täglich bzw. Sie verwenden täglich mehrere waschbare Taschentücher. Ein benutztes Taschentuch wandert sofort in die Schmutzwäsche, ohne auf einem Tisch herumzuliegen.
4. Achten Sie darauf, dass ein benutztes Taschentuch nicht mit anderen Gegenständen in Berührung kommt: Schlüssel, Geldbörse, Schulsachen oder Arbeitsaccessoires wie Federmäppchen. Benutzen Sie ein Täschchen oder eine Hülle, um es von den anderen Gegenständen fernzuhalten!

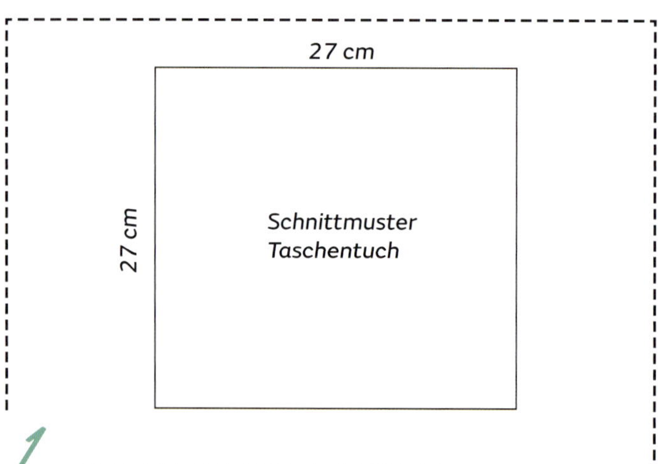

Zeichnen Sie auf etwas dickeres Papier oder Karton ein Quadrat von 27 cm Seitenlänge. In diesem Maß ist die Nahtzugabe (rundum 1 cm) enthalten.

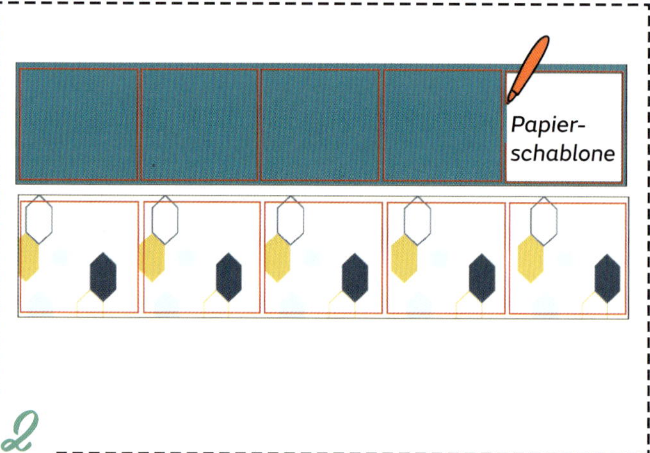

Zeichnen Sie für fünf Taschentücher den Umriss Ihrer Schablone 5-mal auf die Rückseite des bedruckten Baumwollstoffes und 5-mal auf die doppellagige Baumwoll-Gaze (es gibt bei Baumwoll-Gaze keine Vorder- oder Rückseite, außer sie ist bedruckt).

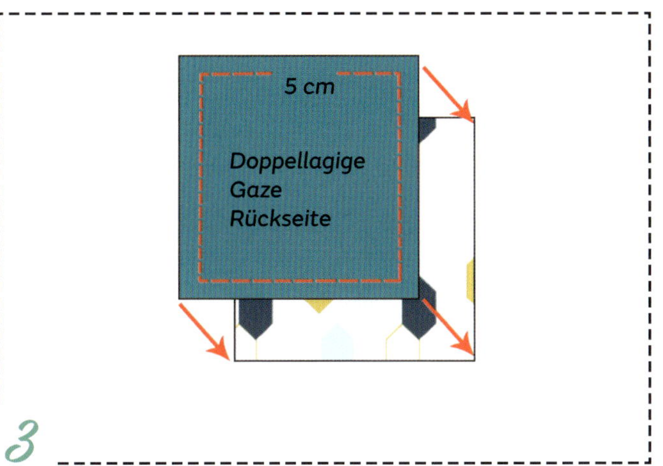

3

Schneiden Sie die Quadrate aus. Legen Sie die Stoffe rechts auf rechts aufeinander, stecken Sie die Ränder mit Stecknadeln ab und nähen Sie die Stoffe mit Geradstich 1 cm vom Rand entfernt zusammen. Lassen Sie dabei in der Mitte einer Seite eine Öffnung von ca. 5 cm und sichern Sie die Naht mit ein paar Vor- und Rückstichen zu Beginn und am Ende.

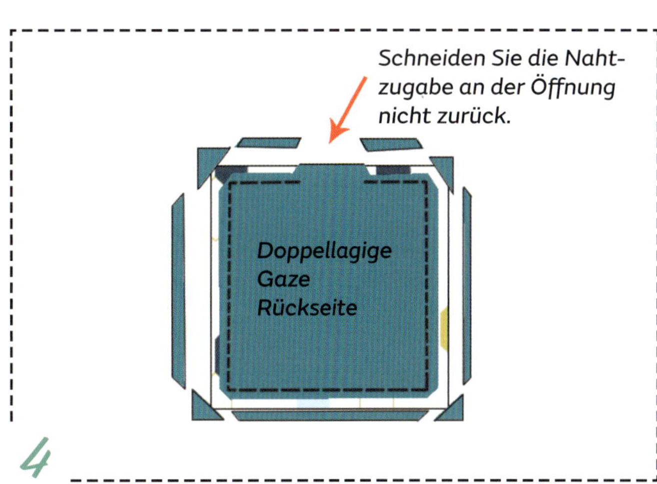

4

Schneiden Sie die Nahtzugabe an den Seiten um 5 mm zurück und schrägen Sie die Ecken ab – außer an der Öffnung. Lassen Sie dort die Nahtzugaben stehen!

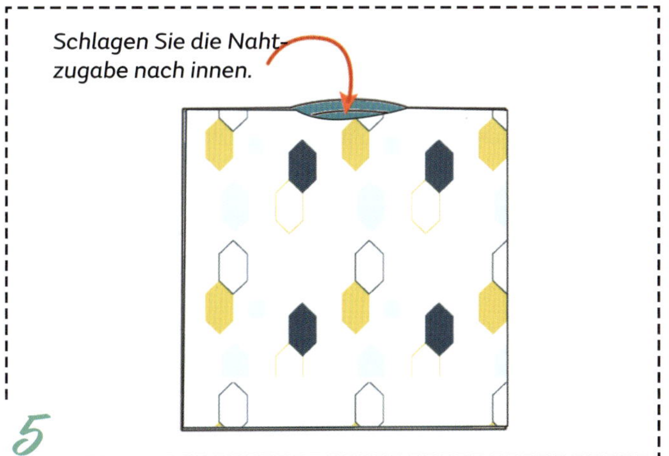

5

Wenden Sie Ihr Taschentuch auf die Vorderseite, formen Sie die Ecken mit einem Stäbchen aus und schlagen Sie die Nahtzugabe an der Öffnung nach innen.

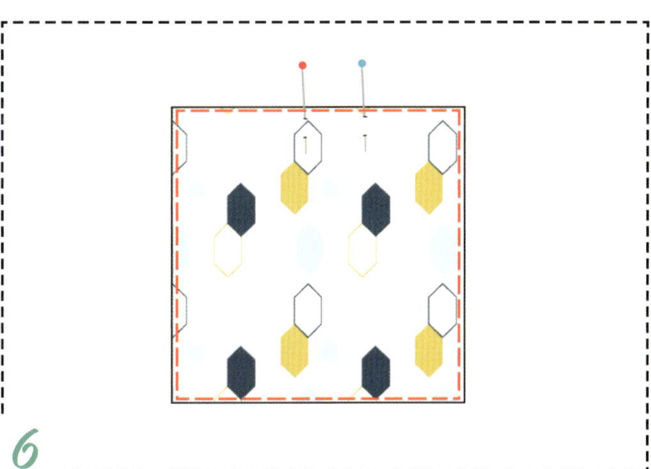

6

Stecken Sie die Öffnung mit Nadeln zu und steppen Sie den Rand knappkantig rundherum ab. Beginnen Sie in einer Ecke und sichern Sie die Naht zu Beginn und am Ende. Verlängern Sie den Geradstich (auf etwa 4 mm), denn der Stoff ist jetzt dicker. Arbeiten Sie die anderen vier Taschentücher auf die gleiche Weise.

Reinigungstücher

Diese verschiedenen Reinigungstücher sind ein gleichwertiger Ersatz für die entsprechenden Einwegartikel: Abschminkpads, Staubtücher, Waschlappen ... Nähen Sie sich verschiedene Sets von Tüchern für jeweils unterschiedliche Einsatzbereiche: zum Abschminken, um den Kindern nach dem Essen das Gesicht sauber zu machen, um den Nagellack zu entfernen, um kleine Wehwehchen zu desinfizieren, um empfindliche Gegenstände abzustauben, um den Tisch abzuwischen ... Wählen Sie unterschiedliche Formen und Farben, Sie werden sehen, dass es Spaß macht, die Tücher zu benutzen, dass sie leicht zu waschen sind und dass es eine Freude ist, sie zu verschenken (nicht nur für Sie, sondern auch für die Beschenkten)!

ZEITAUFWAND *1 Std. 30 Min.* für 8 Tücher

SIE BRAUCHEN

für 8 Tücher:

- **20 cm bedruckten Baumwollstoff, 140 cm breit, mit Bio- oder Oeko-Tex-Siegel**
- **20 cm feiner Microfaser-Stoff**

SCHNITTMUSTER

Das Schnittmuster für das quadratische Reinigungstuch finden Sie auf S . 102, das für die Tropfenform auf S. 103 und das für das »Kätzchen« auf S. 104.

103

TIPPS FÜR REINIGUNGSTÜCHER

Waschen

Ich wasche meine Reinigungstücher bei 40 °C, und das genügt völlig, um Flecken zu entfernen. Wenn Sie aber wasserfestes Make up benutzen, das auf die übrige Wäsche abfärben könnte (besonders bei hellen Farben), empfehle ich, die Tücher vor dem Waschen mit einem Esslöffel Soda (Natriumpercarbonat) einzuweichen.

Verwendung

Die Wahl des Frotteestoffs spielt eine entscheidende Rolle.
Für das Gesicht nehme ich einen sehr feinen Microfaserstoff aus Bambus (Viskose), der viel weicher ist als Baumwollfrottee, der je nach Qualität die Haut um die Augen beim Rubbeln zu sehr in Mitleidenschaft zieht (vor allem, wenn Sie fest reiben).
Wenn Sie Reinigungstücher für den Tisch oder Möbel oder zum Nagellackentfernen haben möchten, eignet sich auch günstigerer Baumwollfrottee.
Um Möbel abzustauben, verwerten Sie Microfaser-Tücher wieder, indem Sie sie auf der Rückseite z. B. mit einem hübschen Baumwollstoff versehen. Wählen Sie für den bedruckten Baumwollstoff verschiedene Muster und Farben, um die Tücher je nach ihrer Verwendung besser voneinander zu unterscheiden.
Versuchen Sie, Abfall zu vermeiden! Stoffreste, alte Tücher oder Hemden können Sie gut wiederzuverwerten, um sie zu neuem Leben zu erwecken: Verwandeln Sie sie z. B. in Reinigungstücher für das Haus.

Quadratisches Reinigungstuch

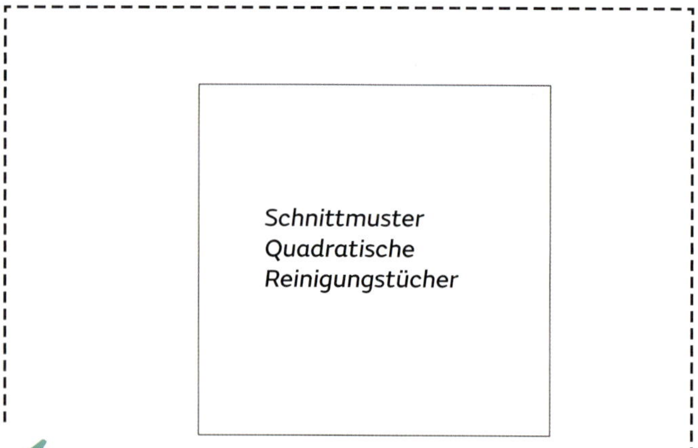

Schnittmuster
Quadratische
Reinigungstücher

1

Kopieren Sie das Schnittmuster von S. 102 auf etwas stärkeres Papier. Bedenken Sie, dass dieses Maß die Nahtzugaben (rundum 1 cm) enthält.

2

Für acht Tücher zeichnen Sie die Umrisse je 4-mal auf die Rückseite der bedruckten Baumwollstoffe (wählen Sie zwei verschiedene Stoffmuster) und 8-mal auf die Rückseite des feinen Microfaserstoffes. Fügen Sie keine Nahtzugaben hinzu, sie sind in den vorgegebenen Maßen bereits enthalten.

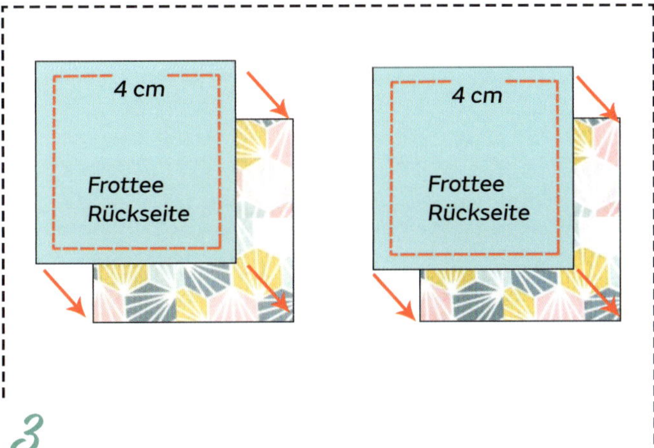

3

Schneiden Sie die Quadrate aus. Legen Sie die verschiedenen Stoffe rechts auf rechts aufeinander, stecken und steppen Sie sie 1 cm vom Rand entfernt zusammen. Lassen Sie in der Mitte einer Seite eine Öffnung (etwa 4 cm) zum Wenden. Vergessen Sie nicht, die Naht zu Beginn und am Ende der Naht zu sichern.

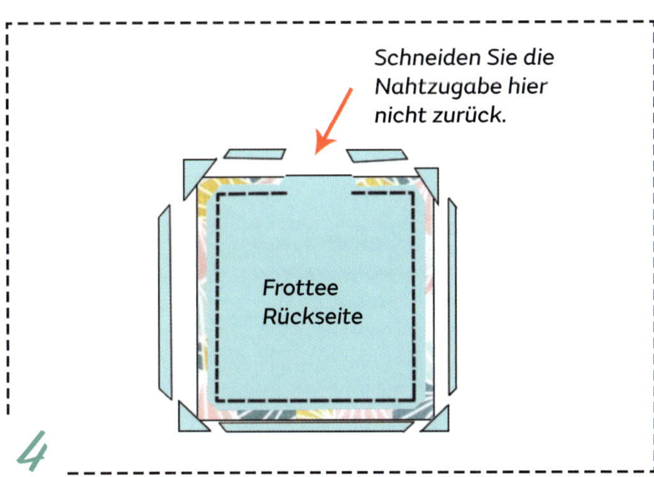

4

Schneiden Sie die Nahtzugabe an den Seiten um 5 mm zurück und schrägen Sie die Ecken ab – außer an der Öffnung: Lassen Sie dort die Nahtzugaben stehen!

5

Wenden Sie Ihr Tuch auf die Vorderseite, formen Sie die Ecken mit einem Stäbchen aus und schlagen Sie die Nahtzugabe an der Öffnung nach innen.

6

Stecken Sie die Öffnung mit Nadeln ab und steppen Sie knappkantig rundum. Beginnen Sie in einer Ecke und sichern Sie die Naht zu Beginn und am Ende. Verlängern Sie den Geradstich (auf etwa 4 mm), denn der Stoff ist jetzt dicker. Arbeiten Sie die anderen Tücher auf die gleiche Weise.

Reinigungstuch in Tropfenform

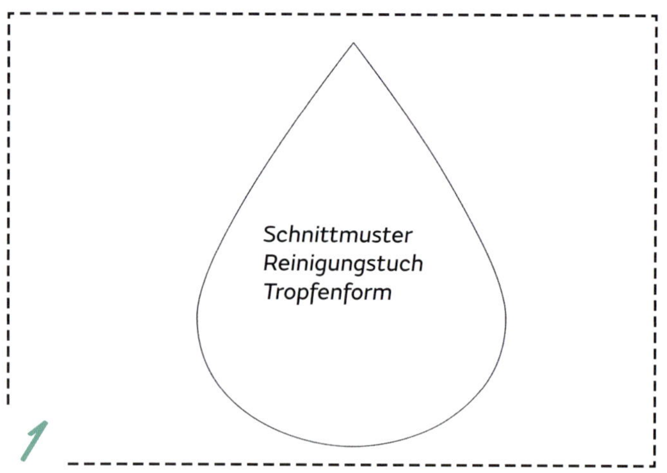

Kopieren Sie das Schnittmuster von S. 103 auf etwas kräftigeres Papier. Denken Sie daran, dass die Nahtzugaben in diesem Muster enthalten sind (rundherum 1 cm).

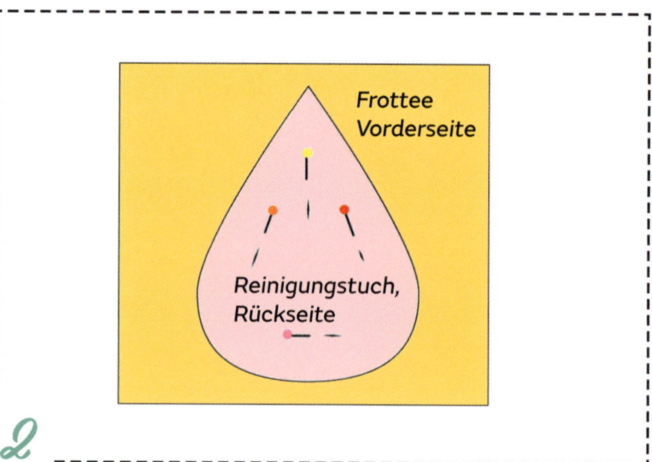

Um Zeit zu sparen, übertragen Sie die Tropfenform auf den bedruckten Baumwollstoff, schneiden die Form aus und legen sie rechts auf rechts auf den Frottee- bzw. Microfaserstoff. Stecken Sie die Stoffe in der Mitte zusammen, damit sie nicht verrutschen (und damit die Stecknadeln beim Nähen nicht stören).

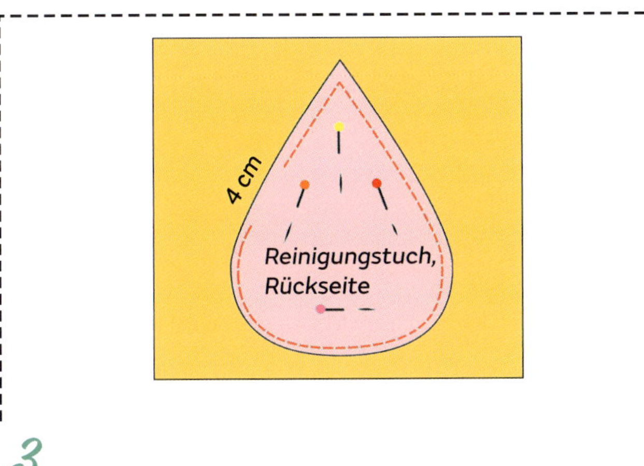

3

Nähen Sie den Tropfen rundherum etwa 1 cm vom Rand entfernt an und lassen Sie dabei in der Mitte einer geraden Seite des Tropfens eine Öffnung von 4 cm zum Wenden.

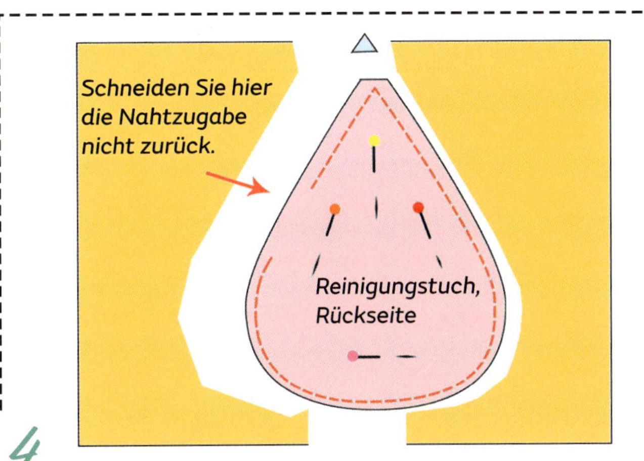

4

Schneiden Sie den überstehenden Frotteestoff ab und dabei die Nahtzugabe mit der Zackenschere zurück – außer an der Öffnung: Lassen Sie dort die Nahtzugaben stehen. Begradigen Sie den oberen Winkel, indem Sie ein kleines Dreieck abschneiden, ohne dabei die Naht zu beschädigen.

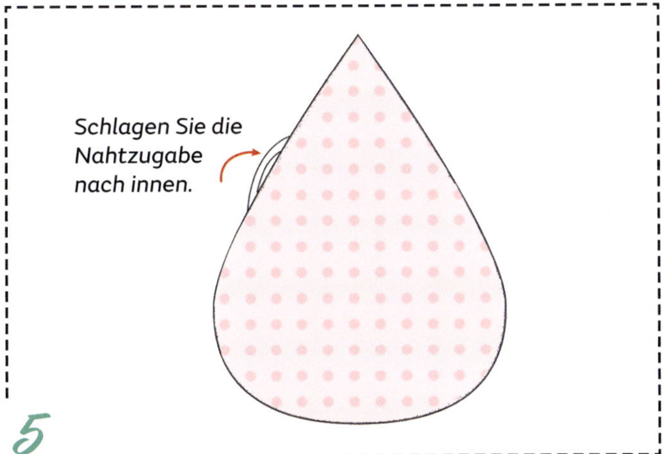

5

Wenden Sie das Tuch auf die Vorderseite, formen Sie die Spitze mit einem Stäbchen aus und schlagen Sie die Nahtzugabe an der Öffnung nach innen. Stecken Sie die Öffnung mit Nadeln ab.

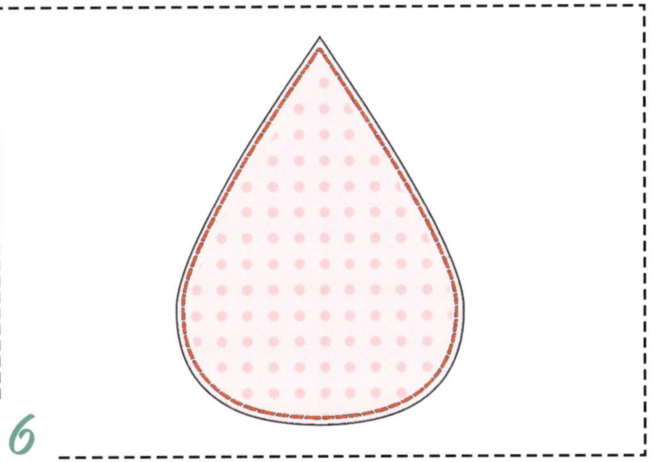

6

Verlängern Sie den Geradstich auf mindestens 4 bis 4,5 mm. Nähen Sie den Tropfen rundherum knappkantig ab. Beginnen Sie an der Spitze und sichern Sie die Naht am Beginn und am Ende. Arbeiten Sie die anderen Tücher auf die gleiche Weise.

Reinigungstuch »Kätzchen«

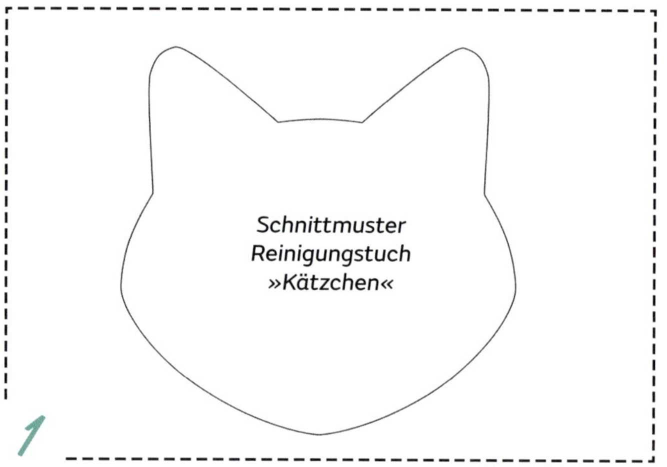

Kopieren Sie das Schnittmuster von S. 104 auf etwas kräftigeres Papier. Denken Sie daran, dass die Nahtzugaben in diesem Muster enthalten sind (rundherum 1 cm).

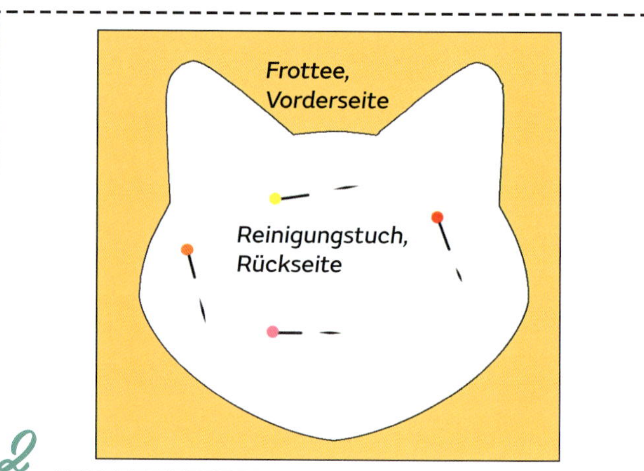

Übertragen Sie den Katzenkopf auf den bedruckten Baumwollstoff und schneiden Sie ihn aus. Legen Sie das Stoffteil rechts auf rechts auf den Frottee- bzw. Microfaserstoff. Stecken Sie die Stoffe in der Mitte zusammen, damit sie nicht verrutschen.

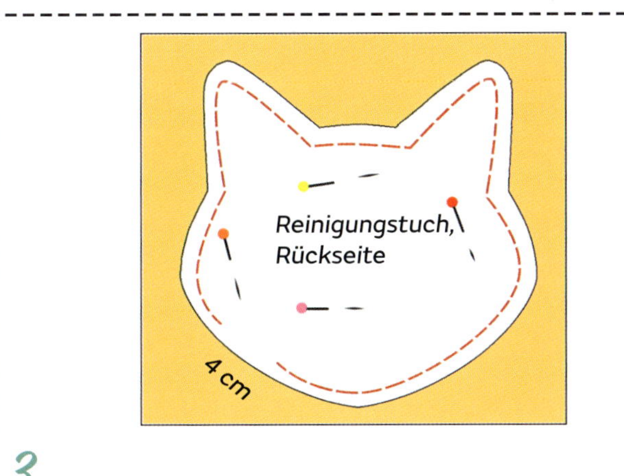

3

Steppen Sie den Umriss des Katzenkopfes mit Geradstich (Stichlänge 3,5 mm) 5 mm vom Rand entfernt ab. Vergessen Sie nicht, in der Mitte einer geraden Linie des Katzenkopfes eine Öffnung von etwa 4 cm freizulassen, um das Tuch auf die Vorderseite zu wenden.

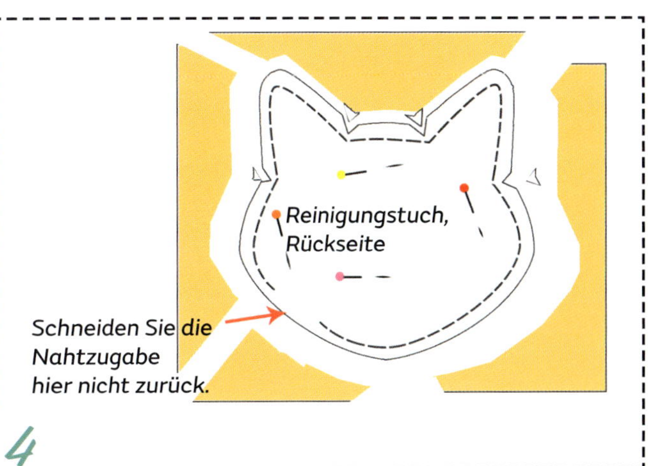

4

Schneiden Sie den überstehenden Frotteestoff ab und dabei die Nahtzugabe mit der Zackenschere zurück – außer an der Öffnung: Lassen Sie dort die Nahtzugaben stehen. Schneiden Sie bei den Ohren kleine Dreiecke in die Nahtzugabe, ohne dabei die Naht zu beschädigen.

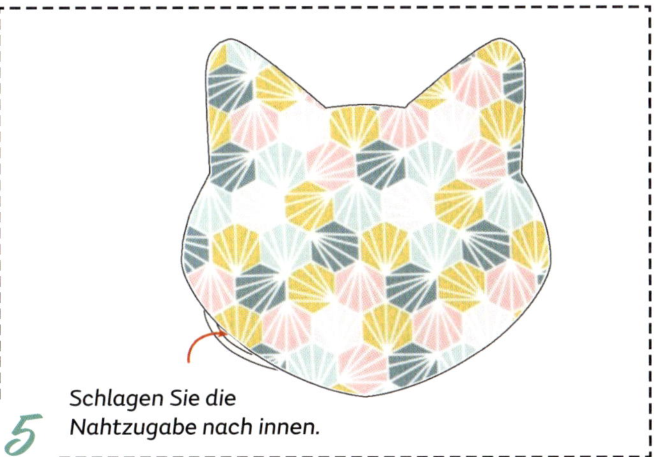

5

Wenden Sie das Tuch auf die Vorderseite, formen Sie die Ecken mit einem Stäbchen aus und schlagen Sie die Nahtzugabe an der Öffnung nach innen. Stecken Sie die Öffnung mit Nadeln ab.

6

Verlängern Sie den Geradstich auf mindestens 4 bis 4,5 mm. Steppen Sie die Umrisse des Reinigungstuches knappkantig ab. Beginnen Sie in einer Ecke und sichern Sie die Naht zu Beginn und am Ende. Arbeiten Sie die anderen Tücher auf die gleiche Weise.

Stoffkörbchen

Stoffkörbchen eignen sich für die unterschiedlichsten Zwecke! Legen Sie z. B. im Bad Ihre Reinigungstücher, Damenbinden oder Kosmetikartikel hinein, aber auch Servietten oder Reinigungstücher in der Küche ... Sie können auch als Ablage für Schlüssel im Eingangsbereich dienen. Sie sind hübsch und leicht zu nähen und verdanken ihre feste Form dem Bügelvlies zwischen zwei bedruckten Baumwollstoffen – und sie machen sich gut im ganzen Haus.

ZEITAUFWAND *1 Std. 30 Min.* für 1 Körbchen

SIE BRAUCHEN

für dieses Körbchen:

- **25 x 60 cm bedruckten Baumwollstoff für die Außenseite**
- **25 x 60 cm bedruckten Baumwollstoff für die Innenseite**
- **Vlieseline H630**

SCHNITTMUSTER

Das Schnittmuster für das Stoffkörbchen finden Sie auf S. 105.

TIPPS FÜR STOFFKÖRBCHEN

Waschen
Ihr Körbchen kann nicht bei mehr als 30 °C gewaschen werden, weil sich sonst die Vlieseline zwischen den zwei Stofflagen löst. Aus demselben Grund darf es auch nicht in den Trockner.

Design
Stellen Sie Ihr Körbchen aus dem gleichen oder ähnlichen Stoff wie die Reinigungstücher her. Das sieht gut aus, und Sie wissen gleich, was wo hineingehört.

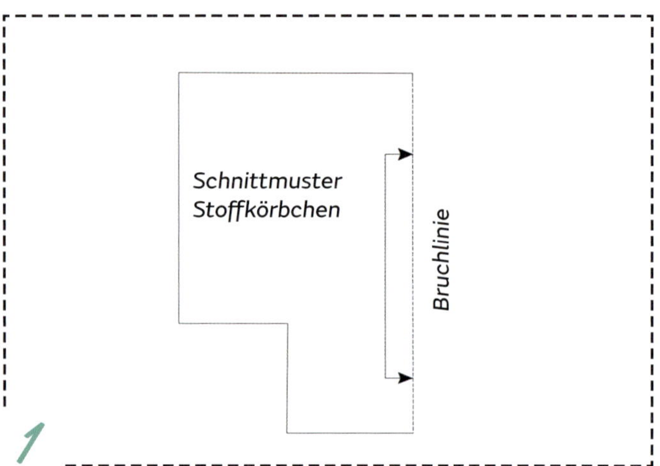

Kopieren Sie das Schnittmuster von S. 105 auf etwas kräftigeres Papier. Denken Sie daran, dass die Nahtzugaben in diesem Muster enthalten sind (rundherum 1 cm).

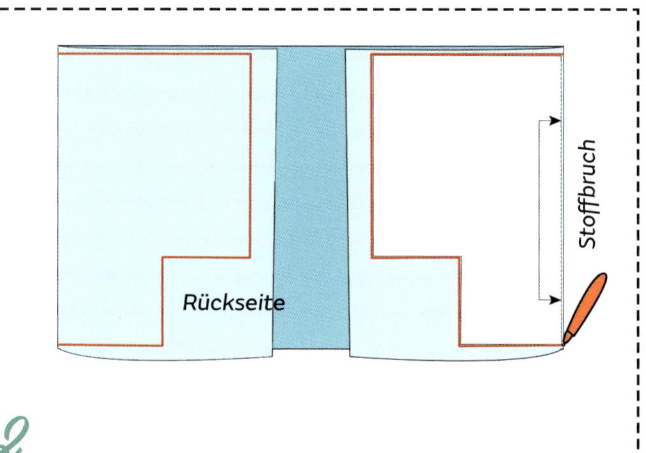

Zeichnen Sie für ein Körbchen jeweils ab dem Stoffbruch das Schnittmuster

- 2-mal auf die Rückseite des bedruckten Baumwollstoffes für die Außenseite
- 2-mal auf die Rückseite des bedruckten Baumwollstoffes für die Innenseite
- 2-mal auf die Vlieseline.

Fügen Sie keine Nahtzugaben hinzu, sie sind in den vorgegebenen Maßen bereits enthalten. Das Vlies soll rundherum 5 mm kleiner ausgeschnitten werden als der Stoff.

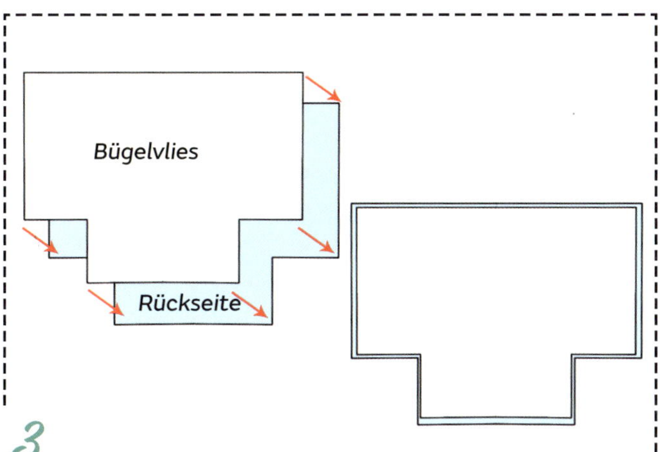

3

Futter: Legen Sie die Vlieseline mit der Klebeseite (rau) auf die Rückseite der beiden Innenstoffe und fixieren Sie es 6 Sekunden lang mit einem heißen Bügeleisen, aber ohne Dampf. Legen Sie dabei ein feuchtes Tuch zwischen Vlies und Bügeleisen.

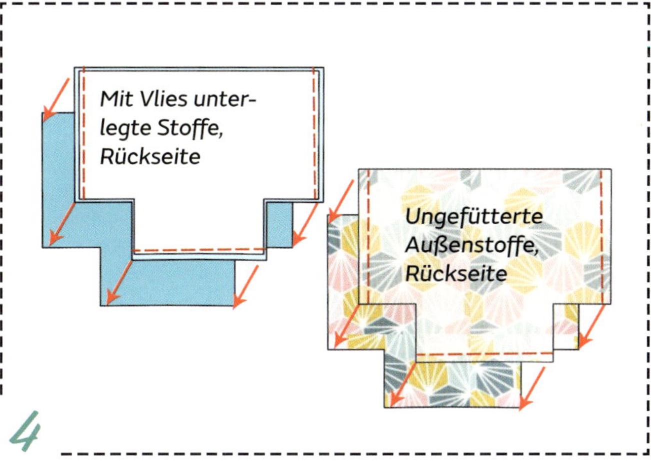

4

Legen Sie die mit Vlieseline unterlegten Stoffe rechts auf rechts aufeinander und nähen Sie die Seiten und den unteren Teil ab, nicht aber den oberen Teil und die Aussparungen. Machen Sie dasselbe mit den ungefütterten äußeren Stoffteilen. Steppen Sie 1 cm vom Rand entfernt nur die drei angegebenen Seiten ab.

5

Klappen Sie den unteren Teil so zusammen, dass die Seitennähte mit den Bodennähten übereinstimmen. Stecken Sie die Kante auf beiden Seiten des Körbchens ab und steppen Sie 1cm vom Rand entfernt. Streichen Sie die Nahtzugaben glatt. Machen Sie dasselbe mit dem gefütterten Innenstoff.

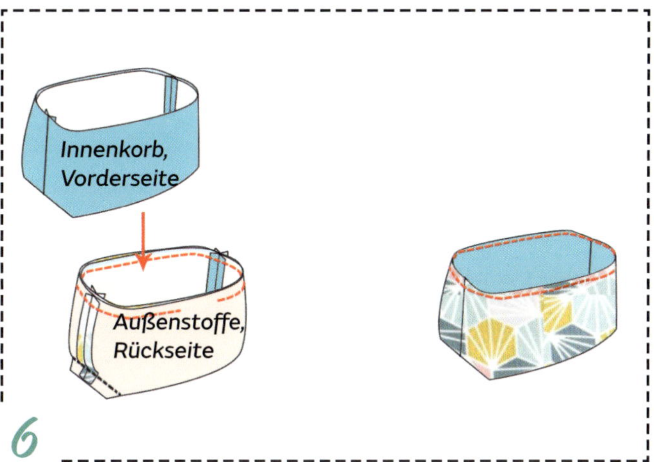

6

Setzen Sie die Körbchen rechts auf rechts ineinander und achten Sie darauf, dass die Seitennähte aufeinanderliegen. Stecken und steppen Sie den oberen Rand 1 cm von der Kante entfernt ab und lassen Sie dabei eine Öffnung zum Wenden. Wenden Sie das Körbchen, schlagen Sie die Nahtzugabe an der Öffnung nach innen und nähen Sie knappkantig einmal rundherum.

Seifentäschchen

Wenn man vorhat, seine Abfälle zu reduzieren, denkt man sofort an Kosmetik- und Hygieneartikel: all das Plastik, um Shampoo, Duschgel und Flüssigseife zu transportieren ... Die Lösung ist, auf feste Seifen zu wechseln, aber auf Reisen muss man seine übrigen Sachen vor feuchten Seifen schützen: Dafür ist diese wasserdichte Seifentasche gemacht!

ZEITAUFWAND 45 Minuten für 1 Seifentäschchen

SIE BRAUCHEN

für ein Täschchen für feste Seife:

- **30 x 14 cm bedruckten Baumwollstoff**
- **30 x 14 cm beschichtete Baumwolle oder wasserabweisende Gabardine**
- **2 nähfreie Kunststoff-Druckknöpfe Ø ca 12 mm + 1 Druckknopfzange**

TIPP FÜR SEIFENTÄSCHCHEN

Waschen und Bügeln
Wenn Sie beschichtete Baumwolle für die Innenseite wählen, muss das Täschchen von Zeit zu Zeit von Hand gewaschen werden, am besten mit Kernseife.
Wenn Sie sich für wasserabweisende Gabardine entscheiden, kann es bei 30 °C in der Maschine gewaschen werden, sollte aber nach dem Waschen kurz überbügelt werden, damit es wasserdicht bleibt. Vorsicht: Schalten Sie das Bügeleisen auf mittlere Temperatur und sparen Sie beim Bügeln die Druckknöpfe aus, da diese sonst schmelzen!

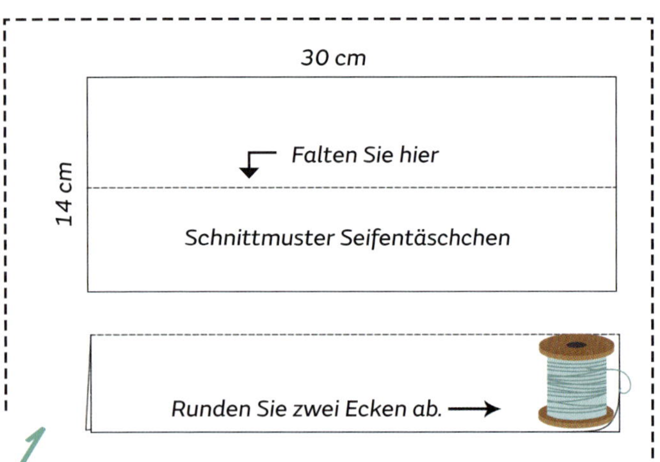

Zeichnen Sie auf etwas kräftigeres Papier ein Rechteck von 30 cm x 14 cm. Falten Sie es der Länge nach, um mithilfe einer Garnrolle oder eines kleinen Glases zwei Ecken abzurunden. Diese Maße enthalten die Nahtzugaben (1 cm).

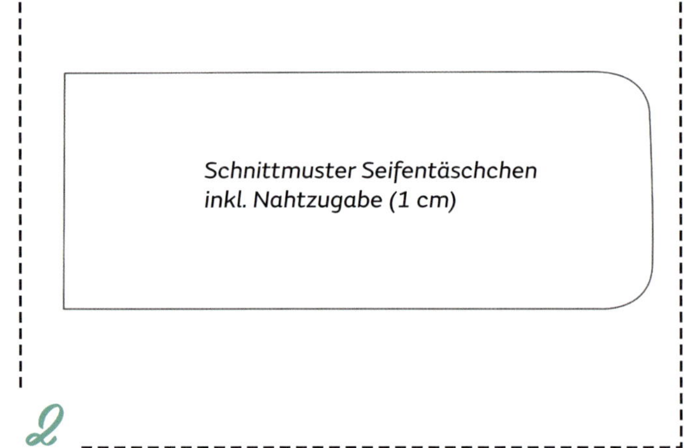

Schneiden Sie die Rundungen aus; sie bilden die spätere Verschlussklappe des Täschchens. Beschriften Sie die Schablone, um bei den folgenden Schritten den Überblick zu behalten!

3

Übertragen Sie diese Schablone
– 1-mal auf den beschichteten Stoff
– 1-mal auf den bedruckten Baumwollstoff.
Achten Sie auf die Richtung des Stoffmusters: es sollte bei den Abrundungen beginnen!

4

Stecken Sie die beiden Stoffteile rechts auf rechts aufeinander. Steppen Sie 1 cm vom Rand entfernt und beginnen Sie in der Mitte einer langen Seite. Lassen Sie eine Öffnung von etwa 5 cm zum Wenden. Schneiden Sie die Nahtzugaben außer an der Öffnung um 5 mm mit der Zackenschere zurück.

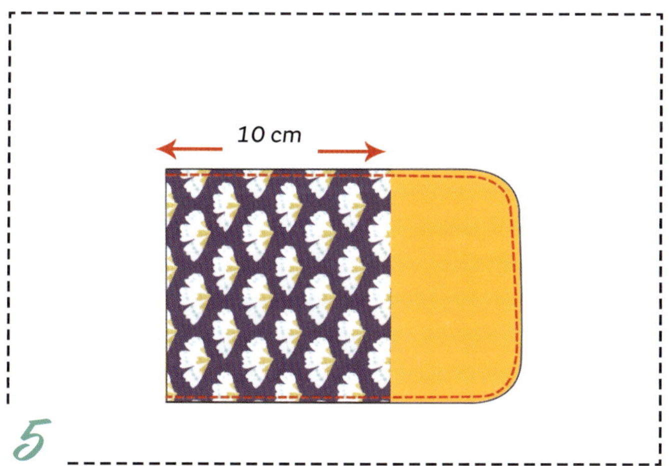

5

Wenden Sie das Täschchen auf die Vorderseite und schlagen Sie die Nahtzugabe an der Öffnung nach innen. Klappen Sie den unteren Teil des Täschchens (nicht abgerundet) um 10 cm nach oben. Stecken Sie ihn ab und steppen Sie einmal knappkantig rundum. Beginnen Sie an einer Ecke und verlängern Sie den Geradstich. Bügeln Sie das Täschchen bei mäßiger Hitze: Vorsicht bei dem beschichteten Stoff!

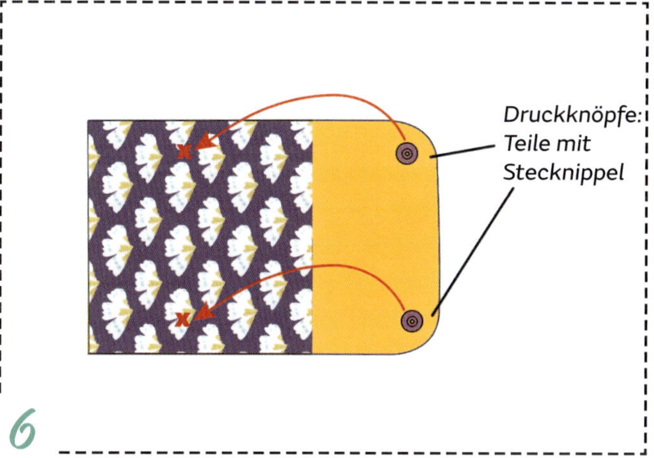

6

Bringen Sie die Druckknöpfe mithilfe der Zange an: zunächst die Knöpfe mit den Köpfchen auf der Klappe (Köpfchen auf dem Innenfutter), dann die Gegenstücke mit der Vertiefung. Schließen Sie die Klappe, um die genaue Position zu finden. Folgen Sie der Anleitung, die der Packung beiliegt.

Zahnbürstentäschchen

Nach Gebrauch ist Ihre Zahnbürste feucht. Um die restlichen Sachen in Ihrem Kulturbeutel zu schützen, ist dieses wasserdichte Täschchen auf Reisen wichtig. Außerdem werden Sie neidische Blicke ernten, wenn Sie hübsche Stoffe verwenden. Machen Sie sich gefasst auf Bitten wie: »Machst du mir auch ein Zahnbürstentäschchen?« Sogar weniger Umweltbewusste werden interessiert sein!

ZEITAUFWAND 1 Stunde für 1 Täschchen

SIE BRAUCHEN

für dieses Zahnbürstentäschchen:

- **60 cm bedruckten Baumwollstoff für die Außenseite, 120 cm breit**
- **60 cm beschichteten Baumwollstoff oder wasserabweisende Gabardine für die Innenseite, 120 cm breit**
- **1 nähfreier Kunststoff-Druckknopf + 1 Druckknopfzange**
- **evtl. flaches Gummiband, 8 cm lang, 1,5 bis 2 cm breit**

TIPPS FÜR ZAHNBÜRSTENTÄSCHCHEN

Waschen und Bügeln
Die Pflege ist abhängig von den Stoffen, die Sie verwenden: Beschichtete Baumwolle darf nur hin und wieder mit Kernseife und von Hand gewaschen werden.
Wasserabweisende Gabardine kann bei 30 °C in der Maschine gewaschen werden, sollte aber nach dem Waschen kurz gebügelt werden, damit sie wasserabweisend bleibt. Vorsicht: Schalten Sie das Bügeleisen auf mittlere Temperatur und sparen Sie beim Bügeln die Druckknöpfe aus, die sonst schmelzen würden!

Design
Damit alles zusammenpasst, sollten Sie sich anstelle der Plastikvariante Zahnbürsten aus Bambus kaufen.

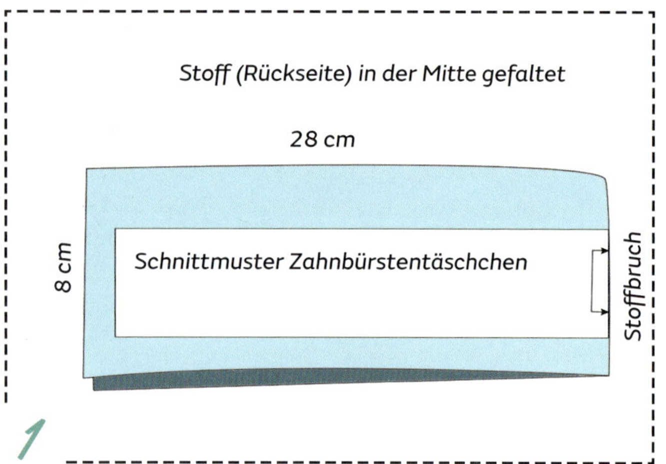

Zeichnen Sie auf etwas kräftigeres Papier ein Rechteck von 28 cm x 8 cm. Es ist die Hälfte einer Schablone, die Sie an den Stoffbruch anlegen müssen. Die Nahtzugaben (1 cm) sind enthalten.

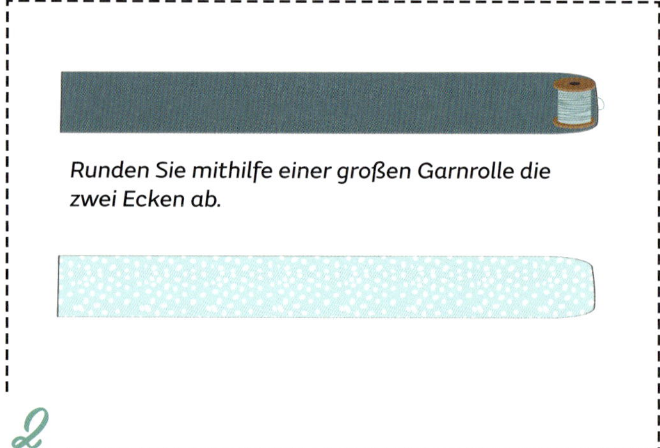

Zeichnen Sie die Umrisse der Schablone vom Stoffbruch aus 1-mal auf den bedruckten Baumwollstoff, 1-mal auf den beschichteten Stoff oder wasserabweisende Gabardine. Sie erhalten zwei Rechtecke von 8 cm x 56 cm. Schneiden Sie die Teile aus und runden Sie zwei Ecken ab.

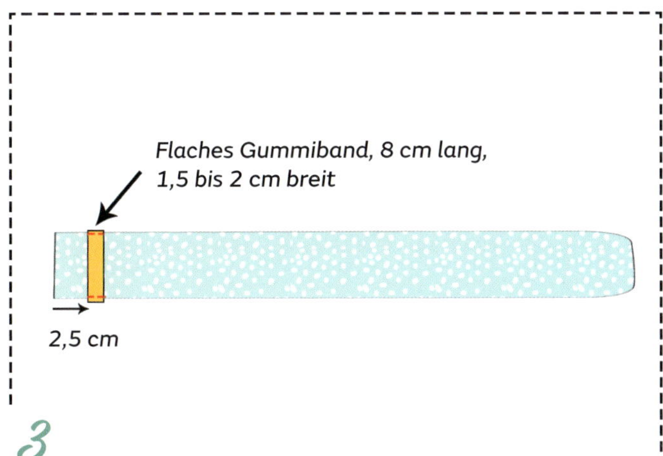

3

Wenn Sie Ihr Täschchen mit einem Gummiband schließen möchten, zeichnen Sie am geraden Ende des bedruckten Stoffes 2,5 cm vom Rand entfernt eine Markierung. Bringen Sie dort das Gummiband an und nähen Sie es am Rand mit Geradstich fest.

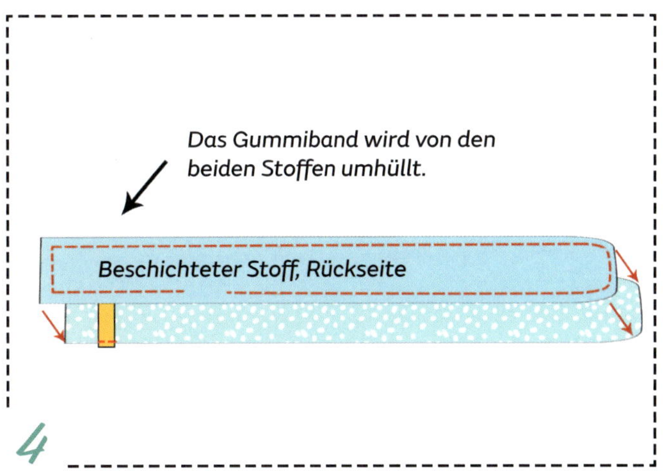

4

Stecken Sie die beiden Stoffe rechts auf rechts aufeinander und nähen Sie sie 1 cm vom Rand entfernt zusammen. Beginnen Sie in der Mitte einer langen Seite und lassen Sie eine Öffnung von etwa 5 cm zum Wenden. Schneiden Sie – außer an der Öffnung – die Nahtzugabe mit der Zackenschere auf 5 mm zurück .

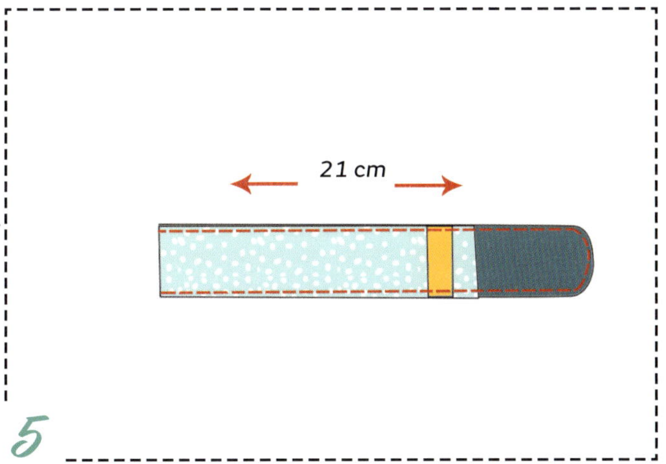

5

Wenden Sie das Täschchen und schlagen Sie die Nahtzugaben an der Öffnung nach innen. Klappen Sie den unteren, geraden Teil des Stoffes 21 cm nach oben um. Stecken Sie ab und nähen Sie einmal knappkantig rundherum. Beginnen Sie dabei an einer Ecke und verlängern Sie den Geradstich. Bügeln Sie das Täschchen bei mäßiger Temperatur: Vorsicht beim beschichteten Stoff!

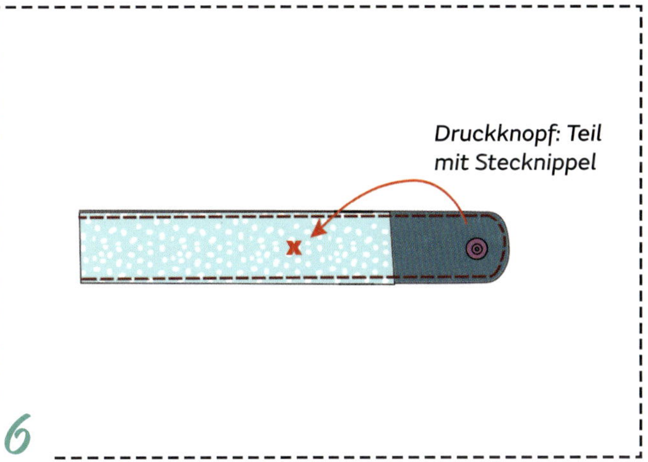

6

Wenn Sie statt des Gummibandes lieber einen Druckknopf verwenden wollen, bringen Sie das Teil mit dem Köpfchen an der abgerundeten Klappe an, das Gegenstück mit der Vertiefung an der Tasche (schließen Sie die Klappe, um die genaue Stelle zu finden). Beachten Sie die Anleitung auf der Packung.

Damenbinden

Abgesehen vom ökologischen Aspekt haben waschbare Damenbinden eine wichtige Bedeutung für die Hygiene – ein weiteres Argument dafür, auf das entsprechende Wegwerfprodukt zu verzichten ... Keine chemischen Produkte mehr in Kontakt mit Ihrem Körper: nur Stoff! Diese Binden absorbieren besser als die Wegwerfartikel, sind pflegeleicht und darüber hinaus bequem!

ZEITAUFWAND | *30 bis 45 Minuten*

SIE BRAUCHEN

um eine Damenbinde zu nähen:

- **25 cm (Mini) / 30 cm (Tag) / 40 cm (Nacht) wasserdichten PUL-Stoff aus Polyurethanlaminat**
- **25 cm (Mini) / 30 cm (Tag) / 40 cm (Nacht) bedruckten Baumwollstoff mit GOTS-Siegel für das Basisteil der Binde (Teil mit Flügeln)**
- **20 cm (Mini) / 25 cm (Tag) / 35 cm (Nacht) Frottee aus Baumwolle oder Bambus mit GOTS-Siegel**
- **20 cm (Mini) / 25 cm (Tag) / 35 cm (Nacht) bedruckte Baumwolle mit Oeko-Tex- oder GOTS-Siegel für den mittleren, absorbierenden Teil.**

SCHNITTMUSTER

Das Schnittmuster für die Binde für den Tag finden Sie auf Seite 106, das für die Binde für die Nacht auf Seite 108 und das für die Mini-Binde auf Seite 110.

TIPP FÜR DAMENBINDEN

Waschen und Trocknen

Wir empfehlen, die Damenbinden alle 6 Stunden zu wechseln (außer den Binden für die Nacht, die Sie beim Aufstehen entnehmen). Auf der Toilette oder im Bad lösen Sie die gebrauchte Binde von Ihrem Schlüpfer, falten sie mit der verschmutzten Seite nach innen und packen Sie ihn in einen Beutel (oder Zugbeutel, ähnlich wie der Beutel für unverpackte Lebensmittel).

Wenn Sie zu Hause sind, spülen Sie die Binden mit klarem Wasser und wringen sie mehrmals aus, bevor Sie sie in kaltem Wasser einweichen. Idealerweise geben Sie etwas Soda ins Wasser. Wenn Sie die Binden nicht sofort waschen, sollten Sie das Wasser jeden Tag wechseln.

Danach kommen sie mit der übrigen Wäsche bei 40 °C in die Maschine (waschen Sie sie nicht bei höheren Temperaturen, damit der Stoff wasserdicht bleibt).

Trocknen Sie die Binden im Freien oder im Trockner mit einem Programm für empfindliche Wäsche (nicht zu heiß), um den wasserdichten Stoff zu schonen.

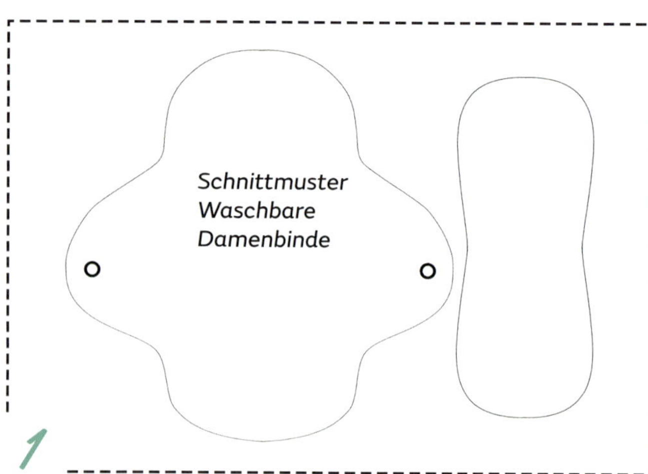

Kopieren Sie die Schnittmuster von S. 106 (Tag), S. 108 (Nacht) oder S. 110 (Mini). Einige müssen mit Klebeband oder Tesafilm zusammengeklebt werden, und alle enthalten die Nahtzugaben (1 cm oder 5 mm).

Zeichnen Sie das Schnittmuster für den absorbierenden Teil 1-mal auf die Oeko-Tex- oder Bio-Baumwolle und schneiden Sie das Teil aus.

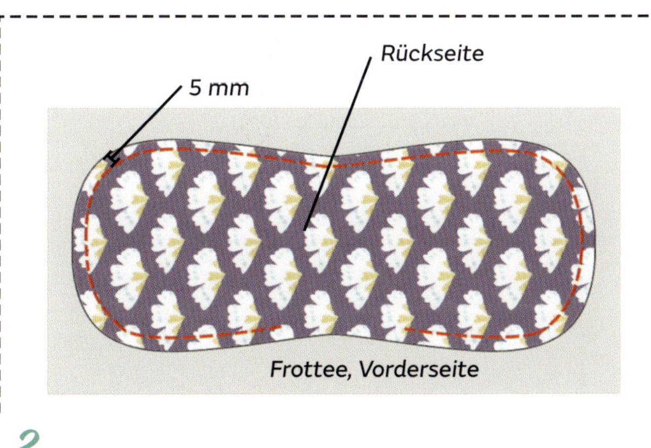

3

Legen Sie danach den ausgeschnittenen Stoff rechts auf rechts auf den nicht ausgeschnittenen Frotteestoff (oder auf zwei Lagen Frotteestoff für die Binde für nachts). Stecken Sie das Teil fest und steppen Sie 5 mm vom Rand des bedruckten Baumwollstoffs entfernt einmal herum. Lassen Sie dabei eine Öffnung von 5 cm zum Wenden.

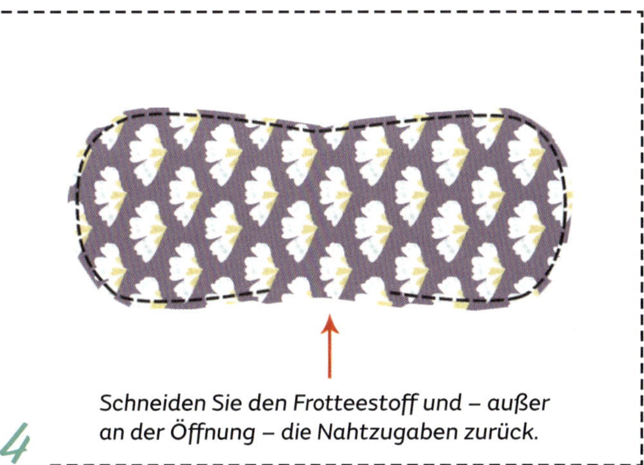

Schneiden Sie den Frotteestoff und – außer an der Öffnung – die Nahtzugaben zurück.

4

Schneiden Sie den überstehenden Frotteestoff ab und kürzen Sie dabei die Nahtzugabe des bedruckten Baumwollstoffs mit einer Zackenschere. Lassen Sie dabei die Nahtzugabe an der Öffnung stehen. Wenden Sie das Teil auf die Vorderseite.

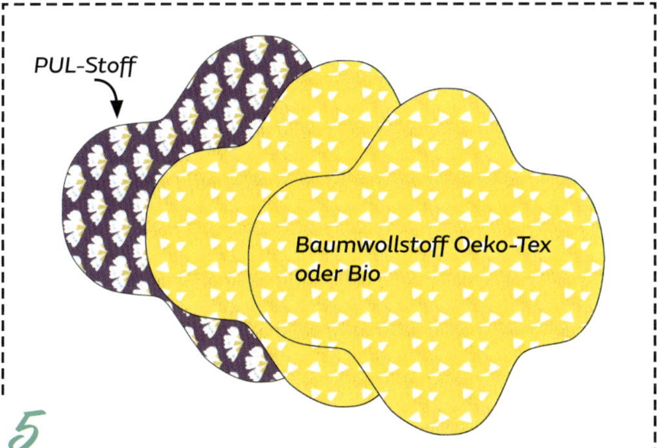

5

Übertragen Sie die Umrisse des Schnittmusters auf den Stoff und schneiden Sie den Stoff aus: 2-mal aus dem Oeko-Tex- oder Bio-Baumwollstoff und 1-mal aus dem PUL-Stoff.

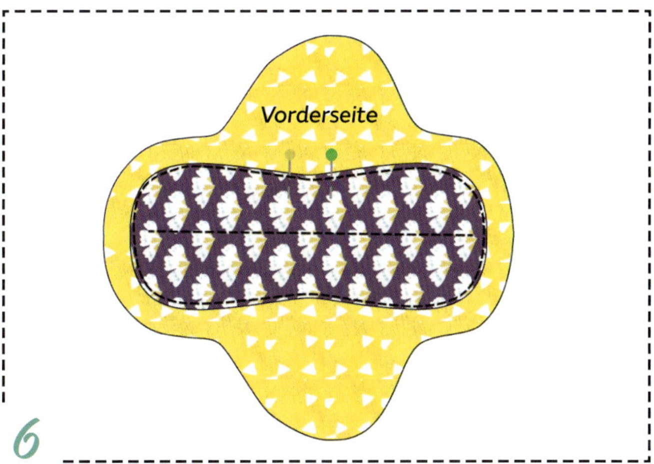

6

Stecken Sie das absorbierende Teil auf die Mitte der Vorderseite eines der beiden Baumwollteile. Machen Sie zwei Nähte: eine genau in der Mitte (so wird die absorbierende Wirkung auf die Mitte zentriert) und eine knappkantig rund um das absorbierende Teil.

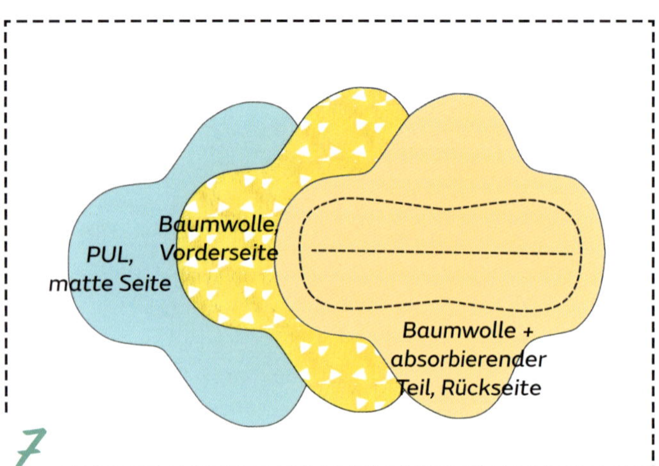

Legen Sie die Stoffe in dieser Reihenfolge aufeinander: die Binde aus PUL (glänzende Seite Richtung Tisch), darauf die Baumwollbinde (Vorderseite nach oben), danach die Binde mit dem absorbierenden Teil, das nach unten zeigt. Stecken Sie alles am Rand entlang mit Nadeln zusammen.

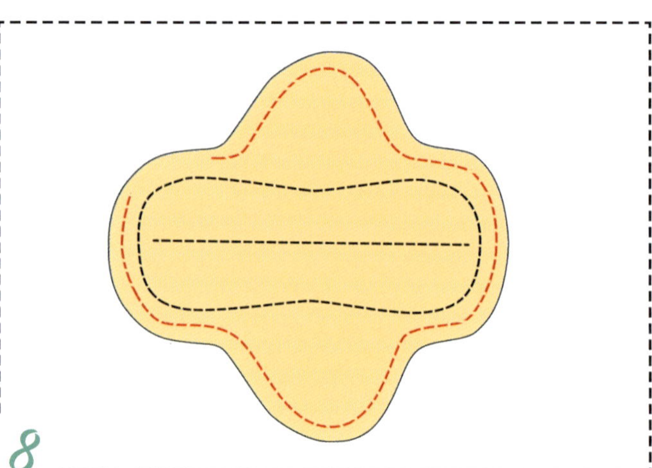

Nähen Sie 1 cm vom Rand entfernt einmal rundherum, lassen Sie aber eine Öffnung von etwa 5 cm auf einem Flügelteil.

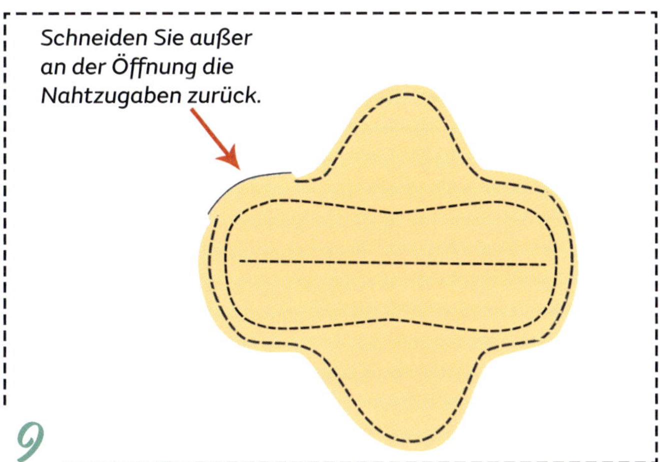

Schneiden Sie außer an der Öffnung die Nahtzugaben mit einer Zackenschere zurück. Wenden Sie alles auf die Vorderseite und schlagen Sie die Nahtzugabe nach innen.

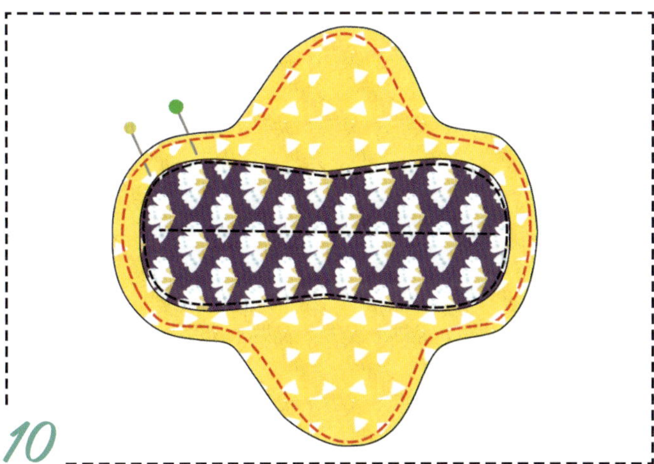

Nähen Sie mit Geradstich einmal rundherum.

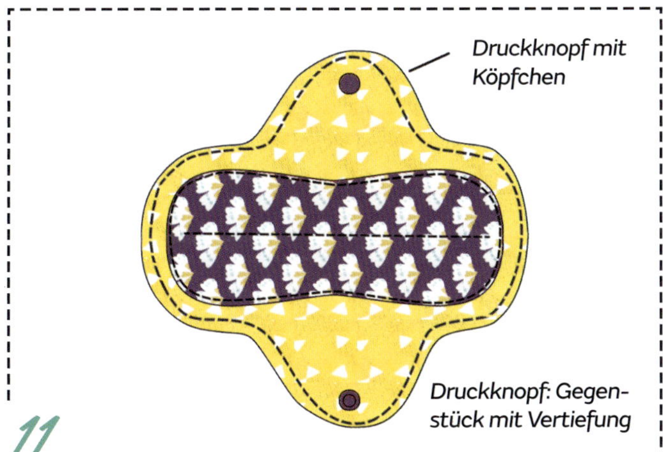

Bringen Sie mithilfe einer Druckknopfzange die Druckknöpfe an den Flügeln an: auf einer Seite ein Teil mit Vertiefung, gegenüber den Druckknopf mit Köpfchen.

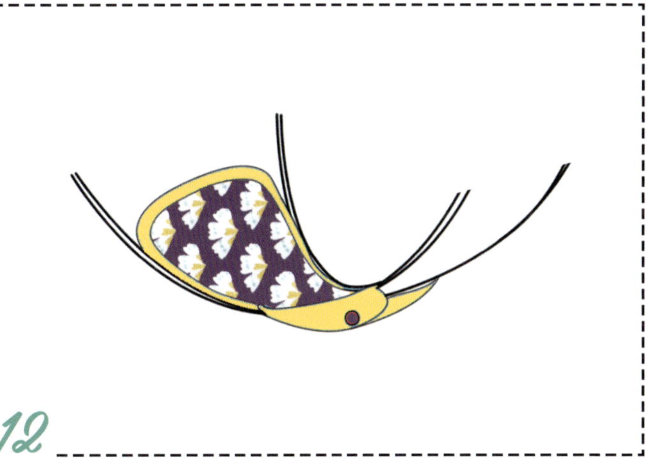

Knöpfen Sie die Binde um Ihre Unterwäsche. Nach Gebrauch legen Sie die Binde zusammen und schließen bis zur Wäsche die Flügel mit den Druckknöpfen.

Wäschenetz

Es gibt nichts Besseres als ein Wäschenetz, um Ihre empfindlichen Textilien schonend aufzubewahren und zu waschen und sie länger zu erhalten! Sie können darin auch Ihre Reinigungstücher oder Damenbinden aufheben, um sie zusammen zu waschen.

ZEITAUFWAND *30 Minuten* für 1 Netz

SIE BRAUCHEN

um ein Wäschenetz zu nähen:

- **50 cm x 20 cm Baumwollnetz-Stoff, vorgewaschen (damit er nicht mehr eingeht). Kaufen Sie also ein größeres Stück**
- **50 cm Bio-Baumwollkordel, ungefärbt (4 mm Durchmesser)**
- **eine Sicherheitsnadel (kleine bis mittlere Größe, je nach der Größe der Löcher des Netzstoffes), um die Kordel in den Tunnelsaum einzufädeln**
- **Fakultativ: 38 cm x 6 cm bedruckten Baumwollstoff, ausschließlich für Version 2, das Wäschenetz mit einem Stofftunnel**

TIPPS FÜR DAS WÄSCHENETZ

Waschen

Wir empfehlen Ihnen, den Netzstoff vor dem Nähen zu waschen. Das gilt für alle Stoffe, besonders aber für diesen, der beim Waschen stark einlaufen kann, wenn er aus Bio-Baumwolle ist. Einmal bei 40 °C gewaschen, behält er seine Größe: Sie können dann Ihr Stück von 50 cm x 20 cm ausschneiden und das Netz nähen.

Es wird Ihnen beim Waschen Ihrer Accessoires (Reinigungstücher, Damenbinden oder empfindliche Wäsche) gute Dienste leisten.

Stoffe

Nehmen Sie lieber einen Netzstoff aus Bio-Baumwolle als aus Polyester, denn er wird in engen Kontakt mit Ihrer empfindlichen Wäsche kommen.

Als Farbtupfer oder wenn die Löcher Ihres Netzstoffes nicht groß genug für die Sicherheitsnadel mit der Kordel sind, können Sie den Tunnelsaum aus bedrucktem Baumwollstoff nähen. Sie brauchen dann 38 cm x 6 cm bedruckten Baumwollstoff, den Sie längs in der Mitte falten und oben am Netz anbringen.

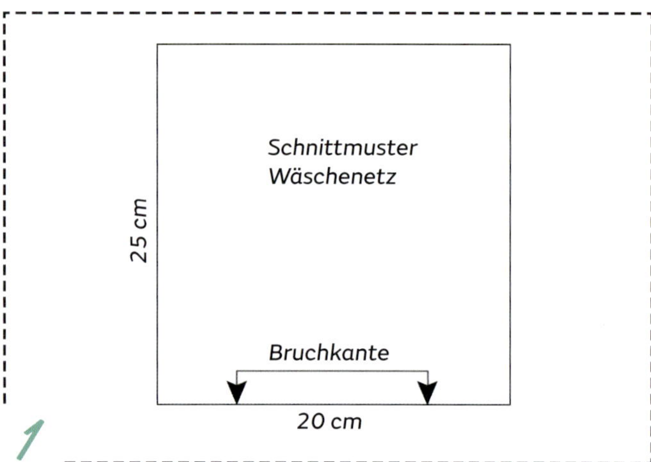

Zeichnen Sie ein Rechteck von 25 cm x 20 cm. Diese Schablone enthält die Nahtzugaben (5 mm) und wird am Stoffbruch angelegt.

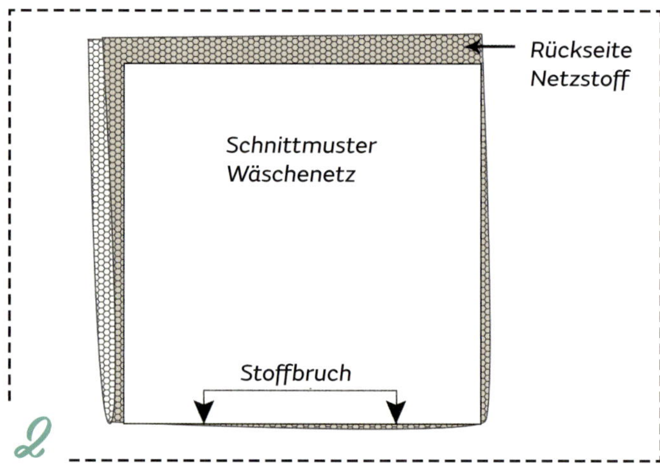

Legen Sie Ihre Schablone an den Stoffbruch an und übertragen Sie die Umrisse auf die Rückseite des Netzstoffes (wenn er eine Rückseite hat). Schneiden Sie beide Stofflagen zusammen aus.

VERSION 1: EINFACHES WÄSCHENETZ

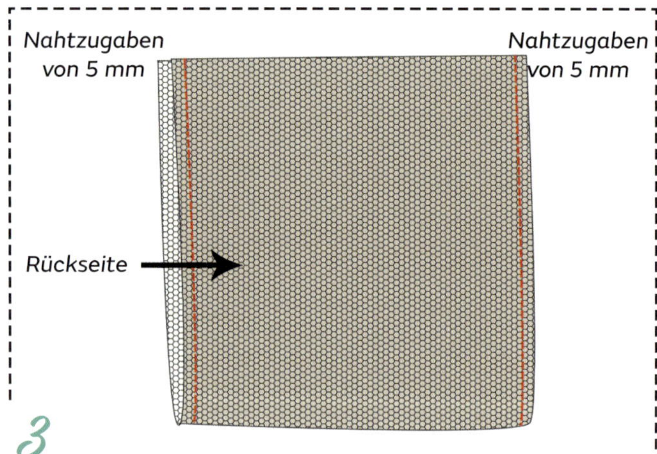

Stecken Sie die rechts auf rechts liegenden Stoffteile zusammen und nähen Sie die beiden langen Seiten (rechts und links) von oben bis unten mit Geradstich ab, 5 mm vom Rand entfernt.

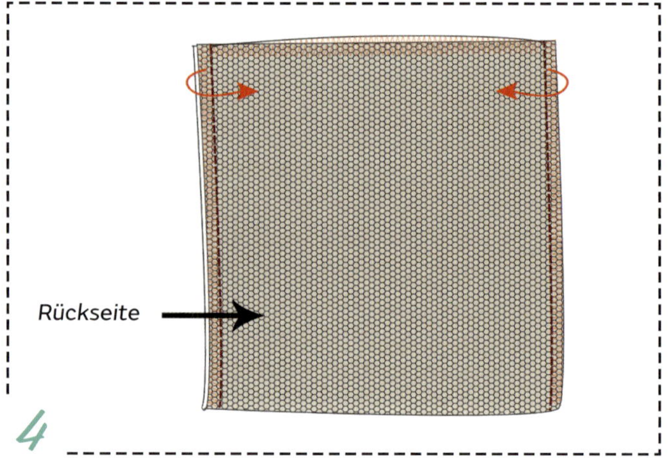

Versäubern Sie die Nahtzugaben mit Zickzackstich, biegen Sie die Nahtzugaben um und versäubern Sie auch die obere offene Kante des Beutels.

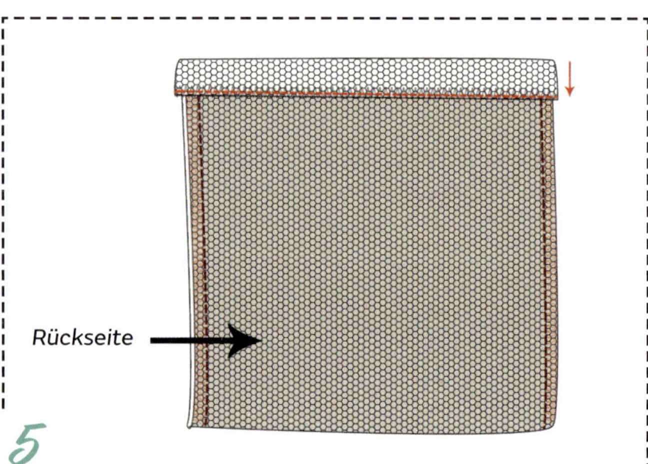

Klappen Sie den oberen Rand des Netzes 2 cm um und steppen Sie knappkantig am unteren Ende des Umschlags rundum. Das wird der Tunnelsaum für die Kordel.

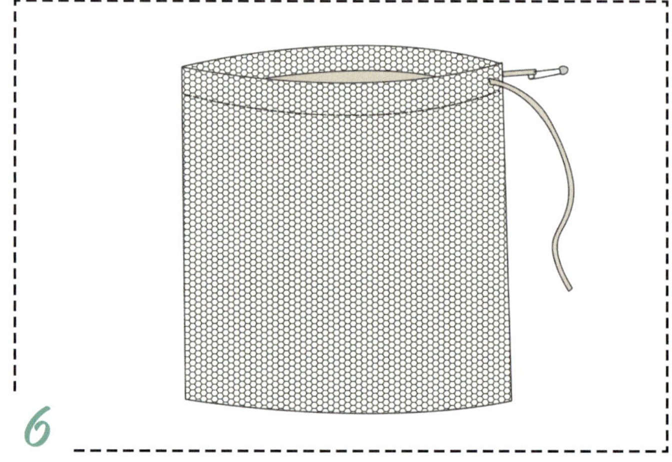

Wenden Sie das Netz auf die Vorderseite und führen Sie mithilfe einer passenden Sicherheitsnadel die 50 cm lange Kordel in den Tunnelsaum ein. Verknoten Sie die beiden Enden und fertig!

VERSION 2: WÄSCHENETZ MIT TUNNEL AUS BEDRUCKTEM BAUMWOLLSTOFF

3

Schneiden Sie ein Rechteck von 38 cm x 6 cm aus bedrucktem Baumwollstoff aus. Schlagen Sie die beiden kurzen Seiten zur Rückseite um und nähen Sie sie mit Geradstich um. Falten Sie den Saum links auf links der Länge nach.

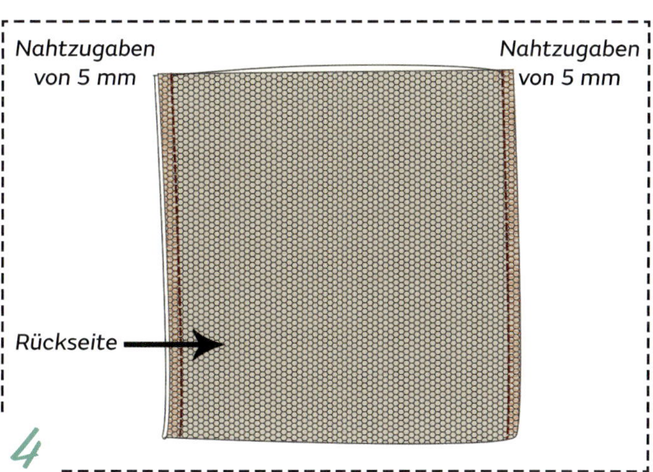

4

Nähen Sie die beiden langen Seiten des Netzes 5 mm vom Rand entfernt mit Geradstich zusammen. Versäubern Sie dann die Nahtzugaben mit Zickzackstich. Wenden Sie das Netz auf die Vorderseite. Schneiden Sie die Nahtzugaben nicht zurück.

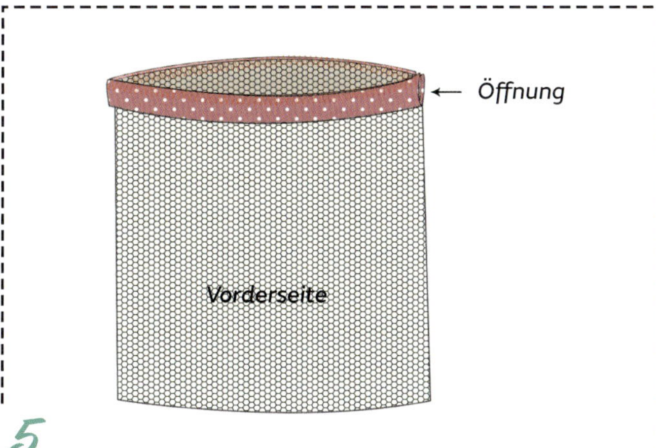

5

Nach dem Wenden stecken Sie den Tunnel am oberen Ende des Netzes fest, sodass der Stoffbruch nach unten zeigt. Die beiden gesäumten, offenen Enden zeigen nach rrechts. Versäubern Sie die Kante mit Zickzackstich.

6

Klappen Sie den Tunnel nach oben um und steppen Sie über die nach unten und auf die Rückseite gefaltete Nahtzugabe, um den Saum zu fixieren. Nun müssen Sie nur noch die Kordel mit einer Sicherheitsnadel in den Tunnel einführen.

Sandwich-Tasche

(Seite 36)

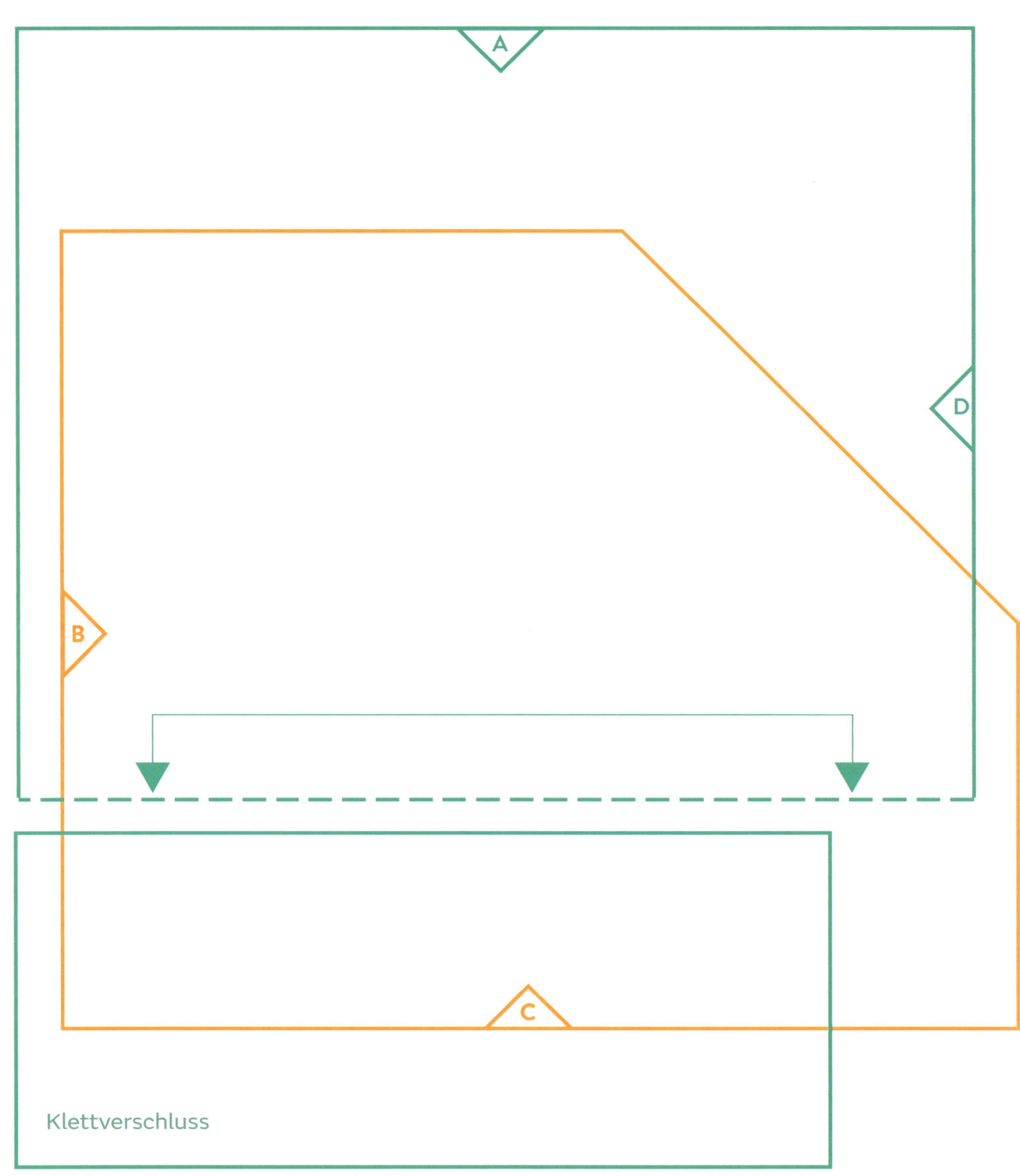

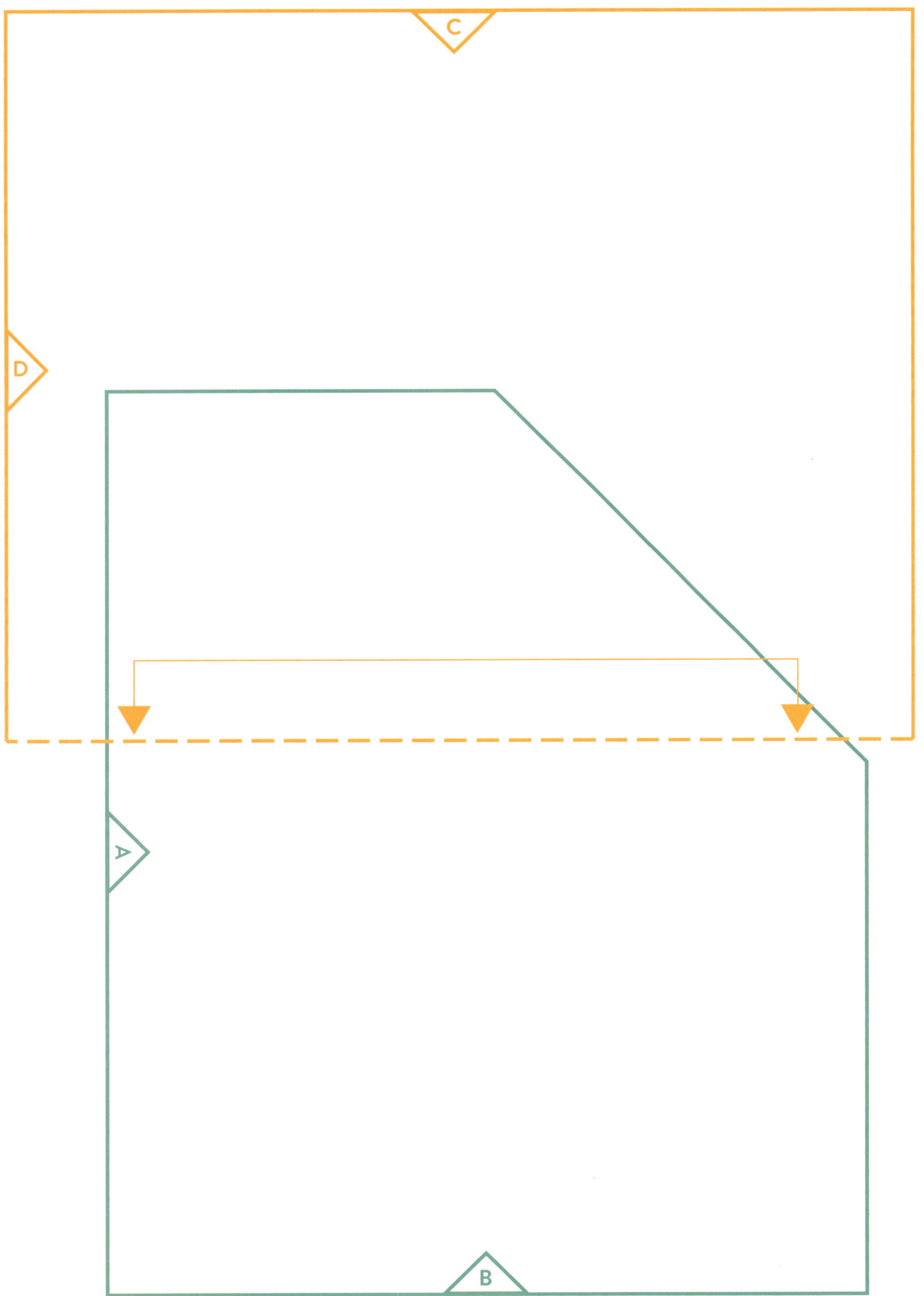
C
D
A
B

Salatbeutel

(Seite 32)

A

A

Lunchbeutel

(Seite 44)

Kaffeefilter

(Seite 52)

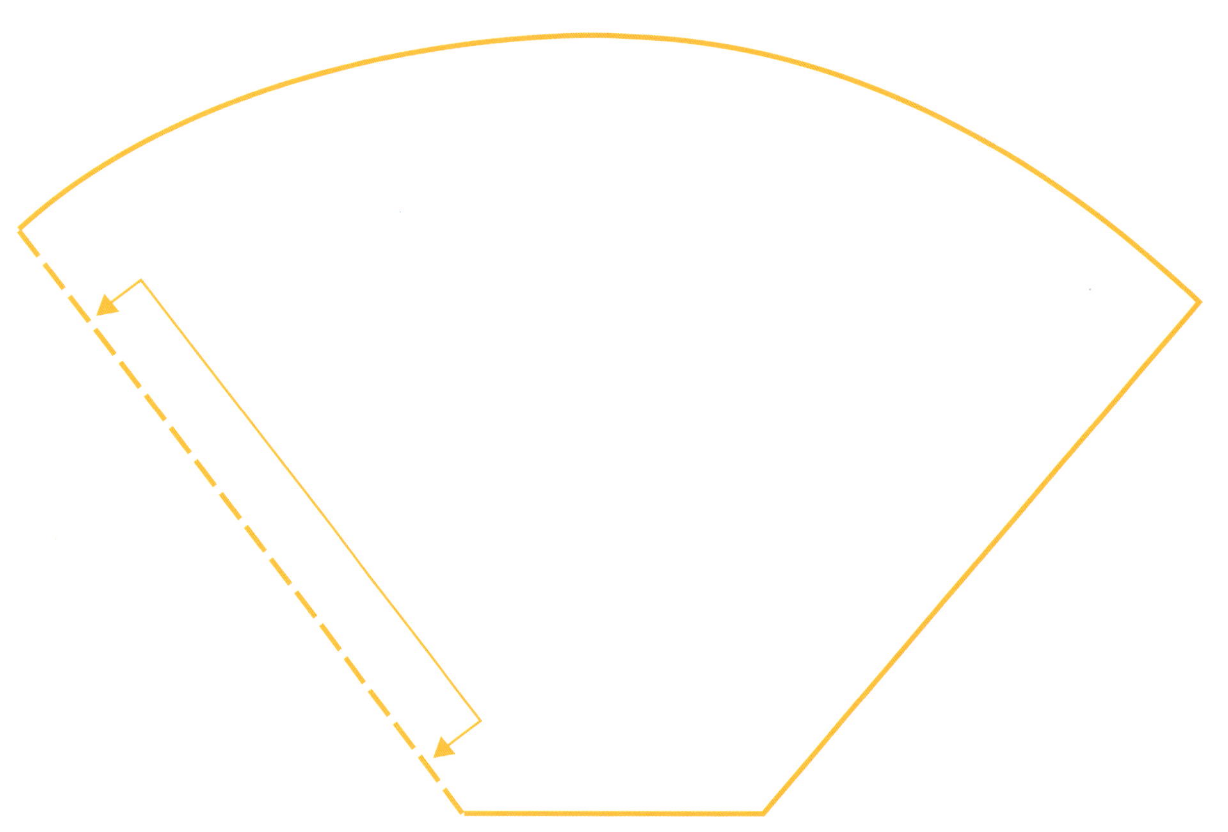

Teefilter

(Seite 48)

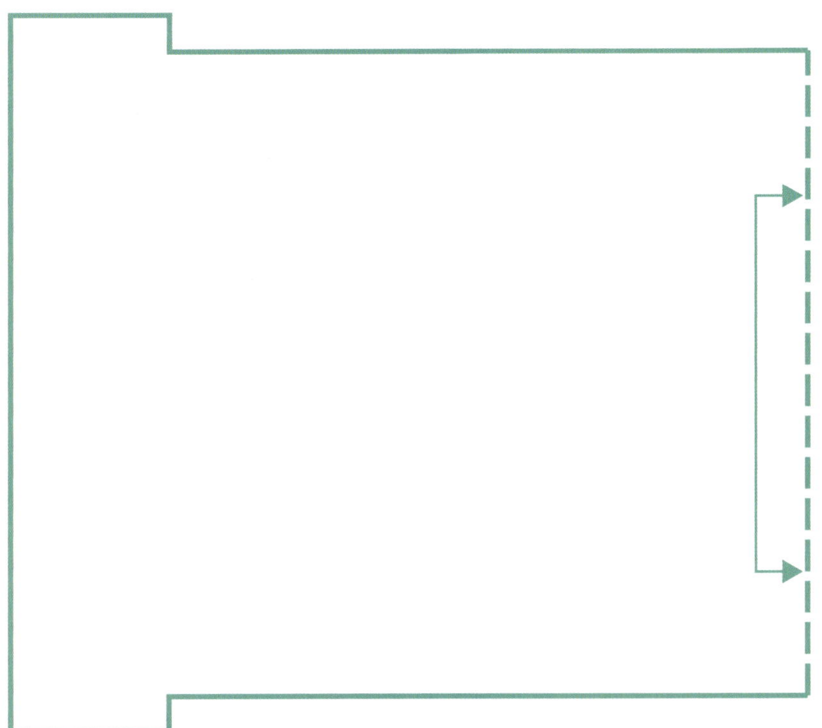

Quadratisches Reinigungstuch

(Seite 66)

Reinigungstuch in Tropfenform

(Seite 68)

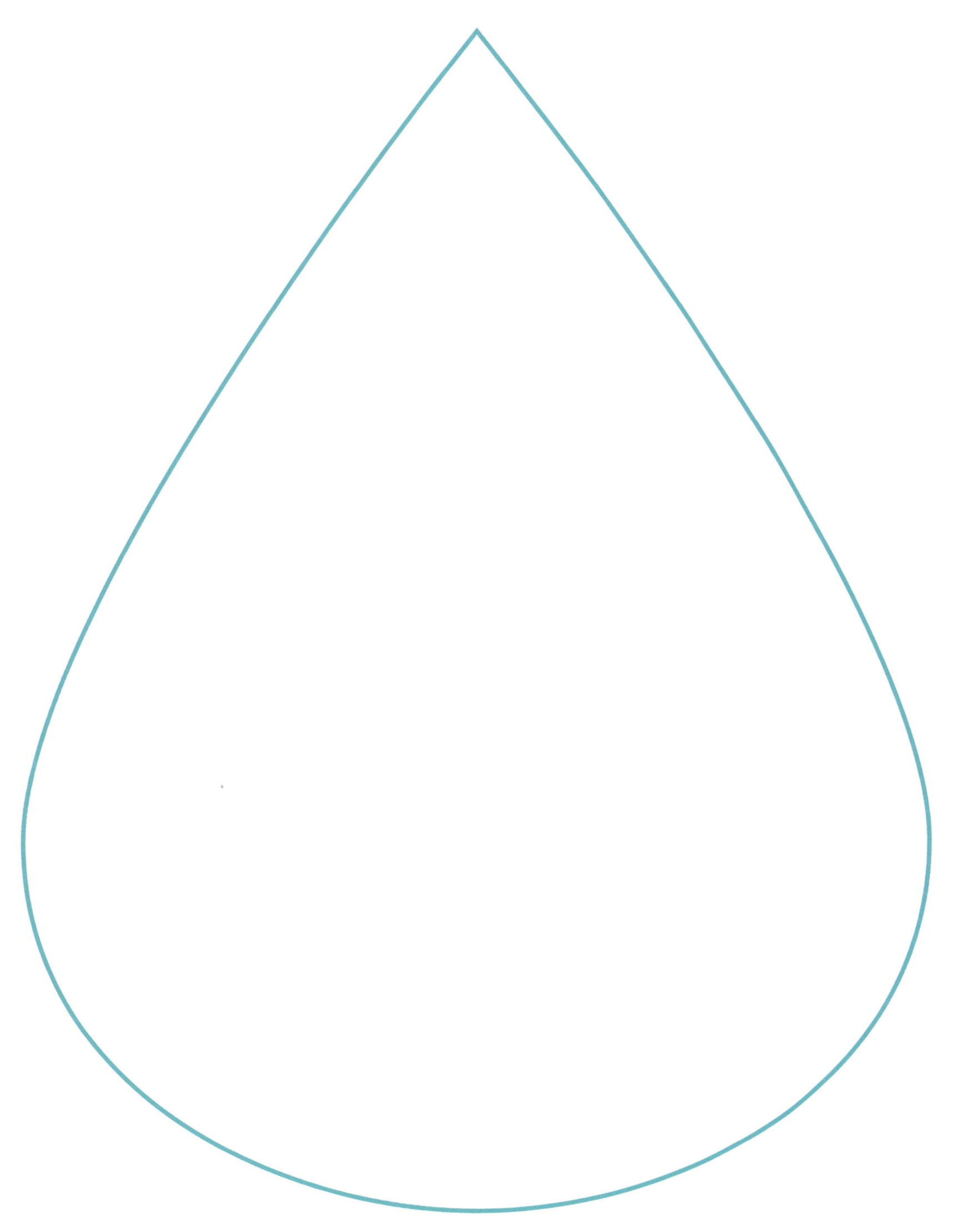

Reinigungstuch »Kätzchen«

(Seite 70)

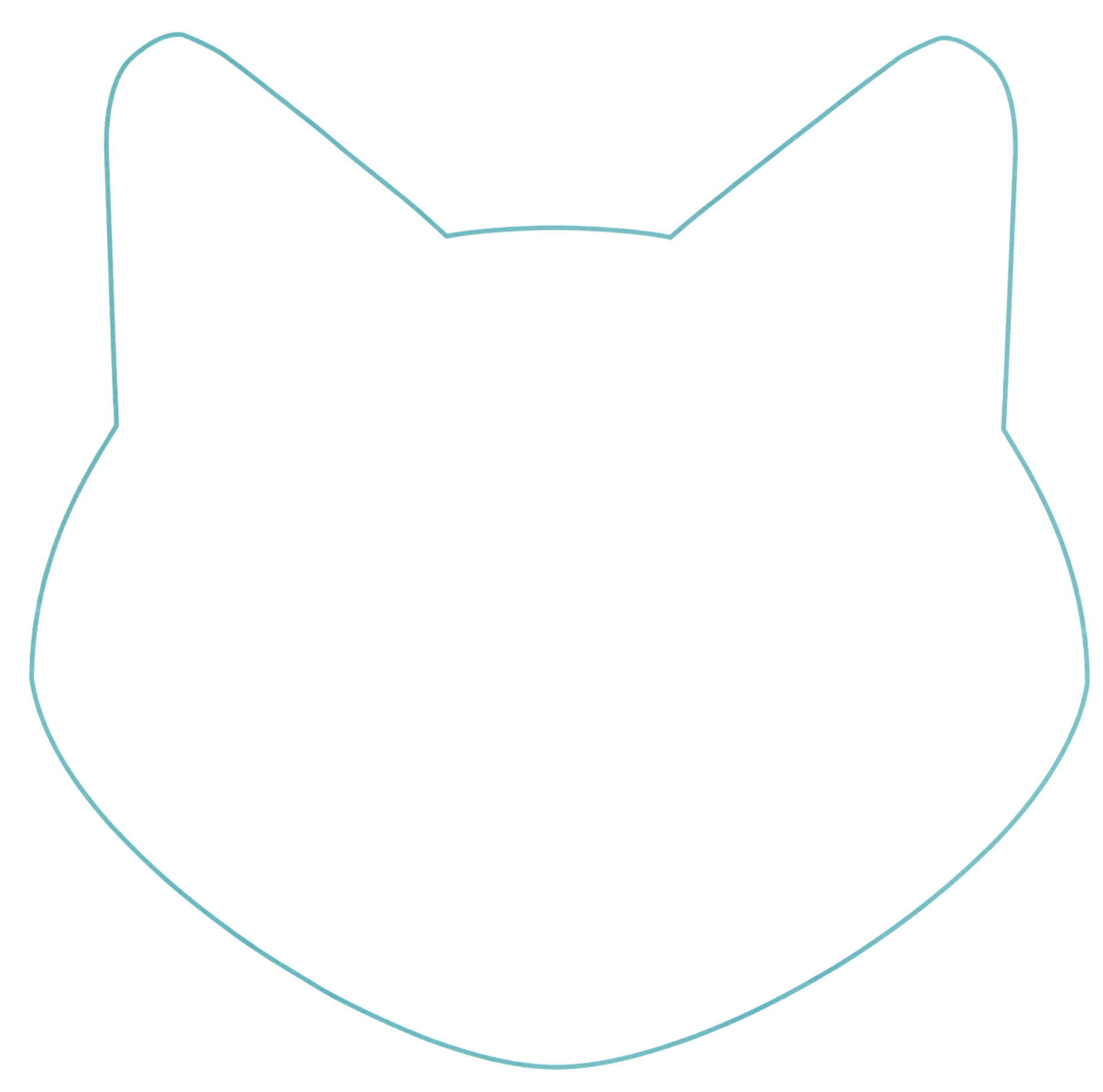

Stoffkörbchen

(Seite 72)

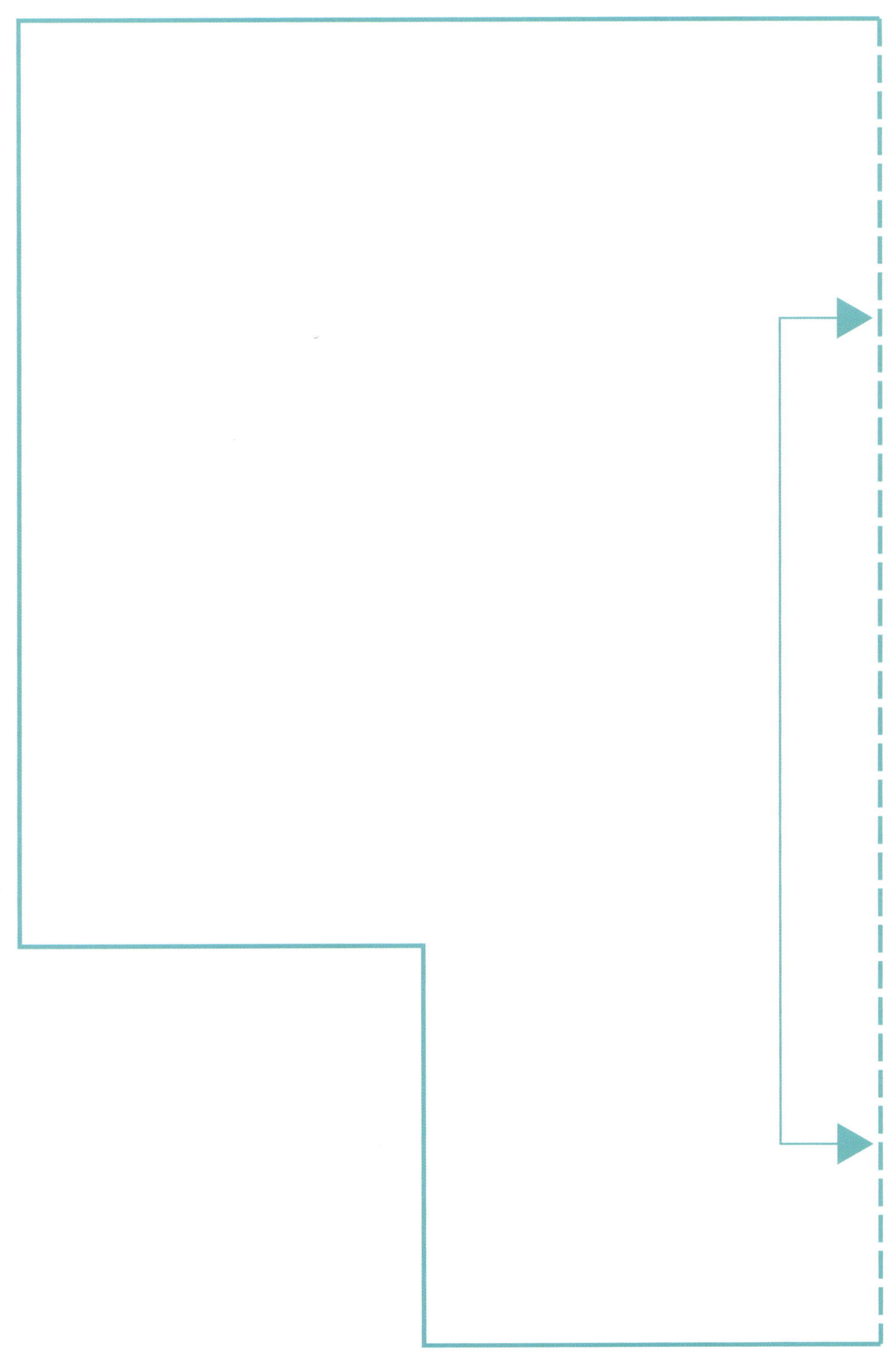

Damenbinde für den Tag

(Seite 84)

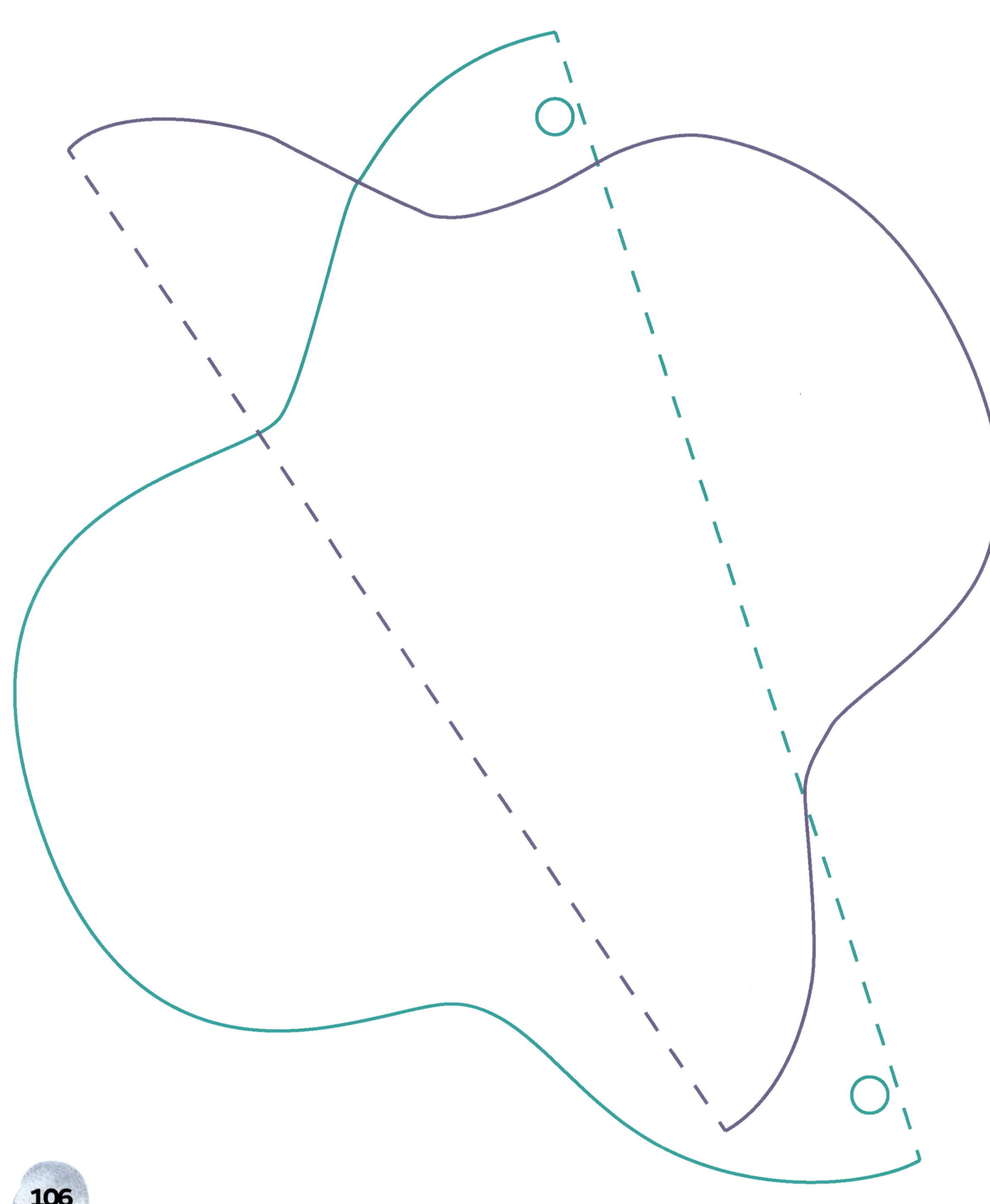

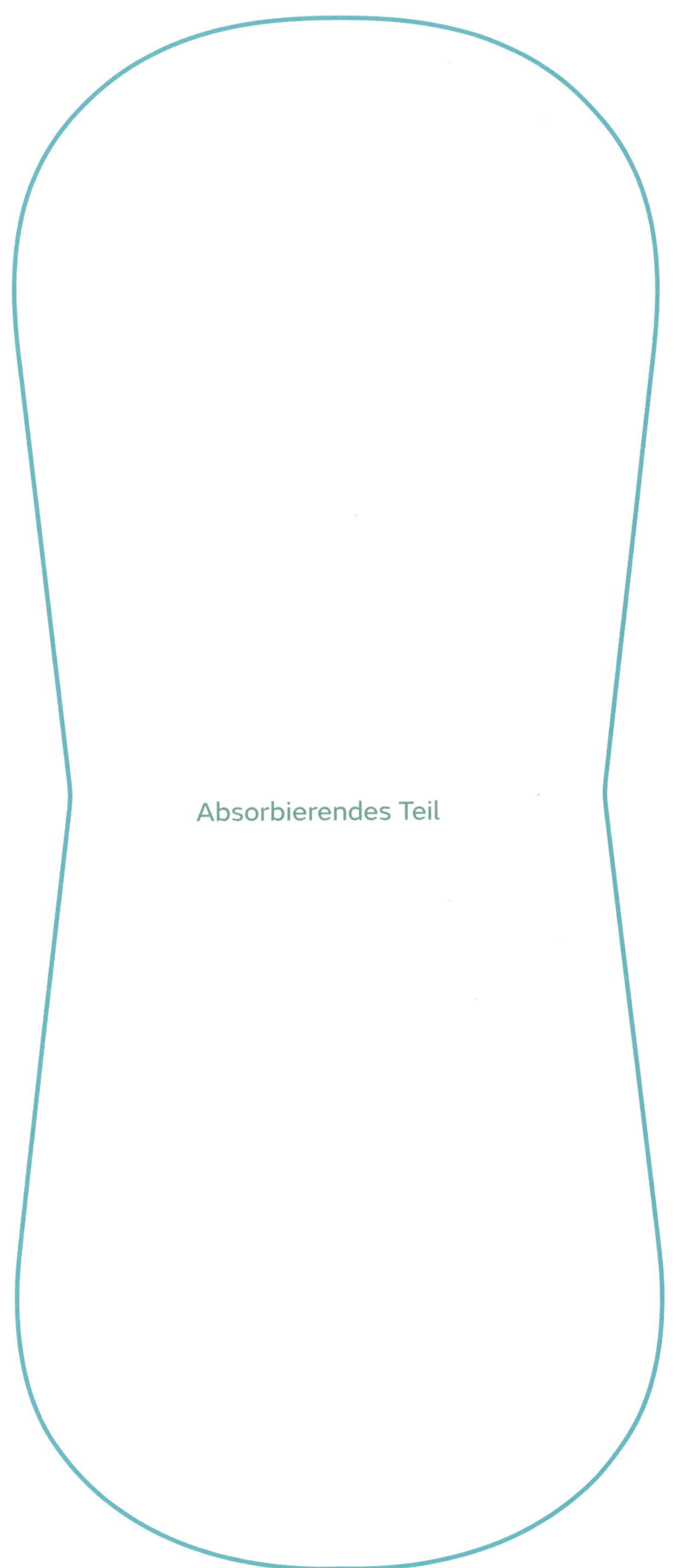
Absorbierendes Teil

Damenbinde für die Nacht

(Seite 84)

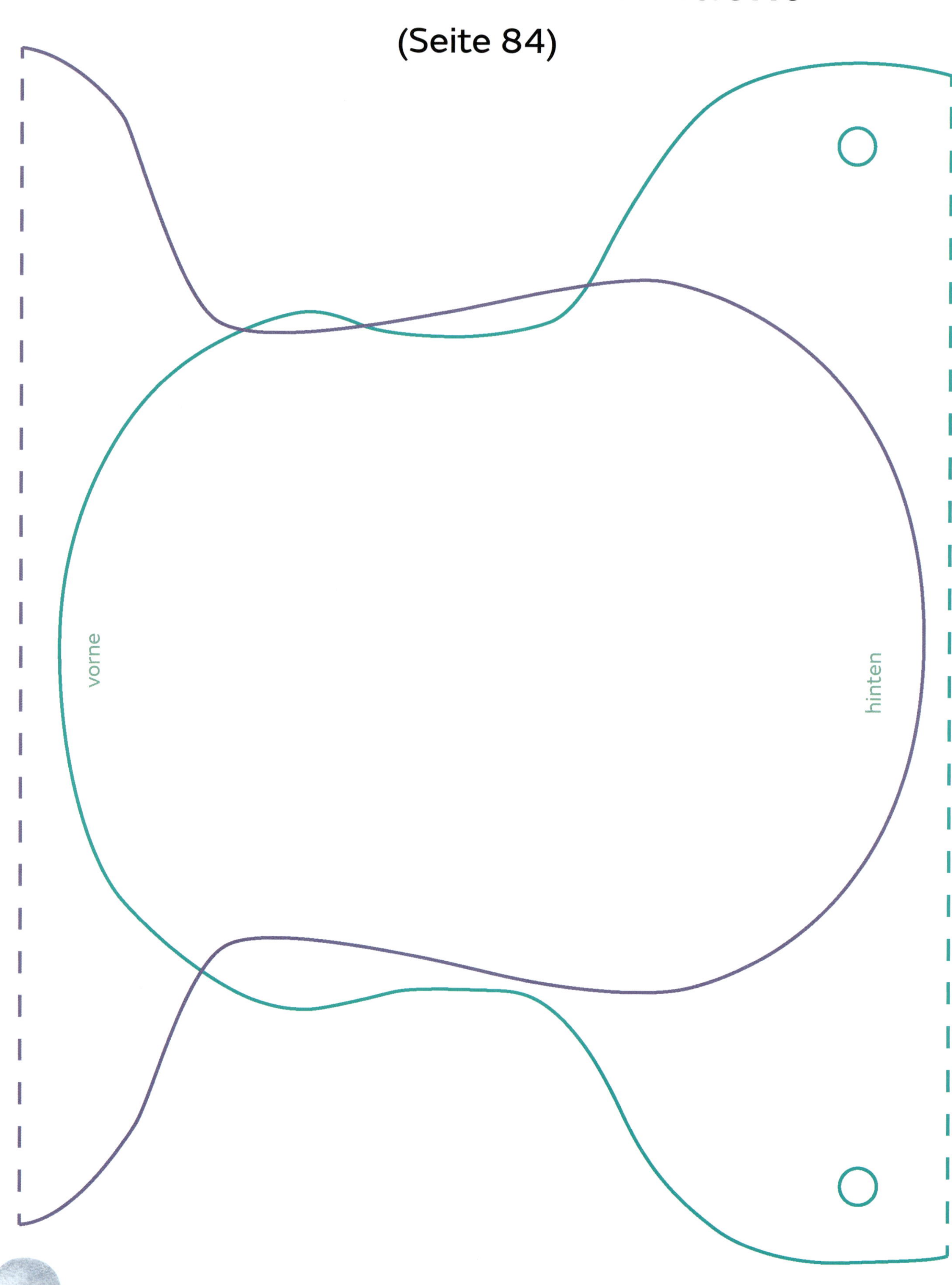

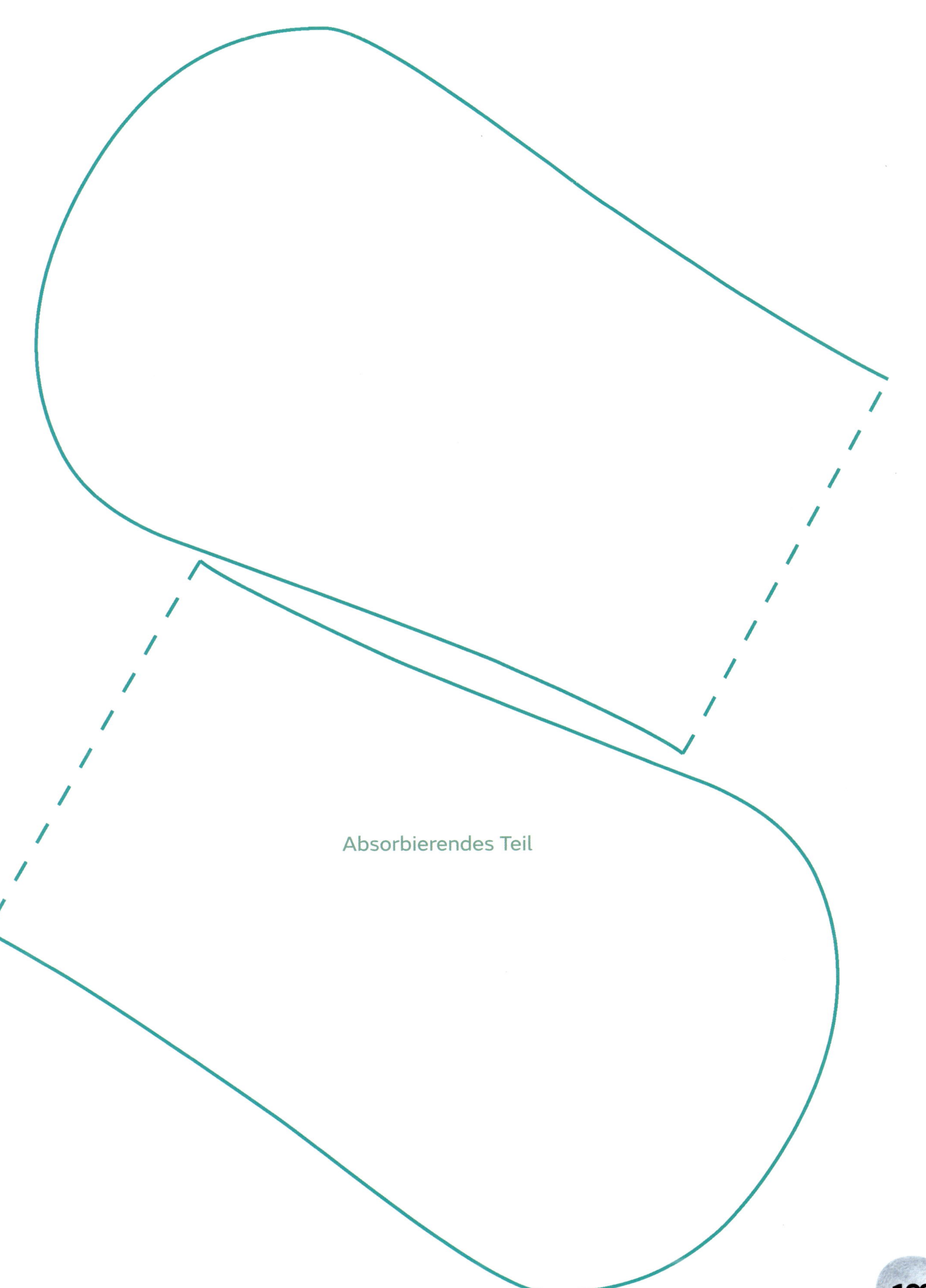
Absorbierendes Teil

Damenbinde Mini

(Seite 84)

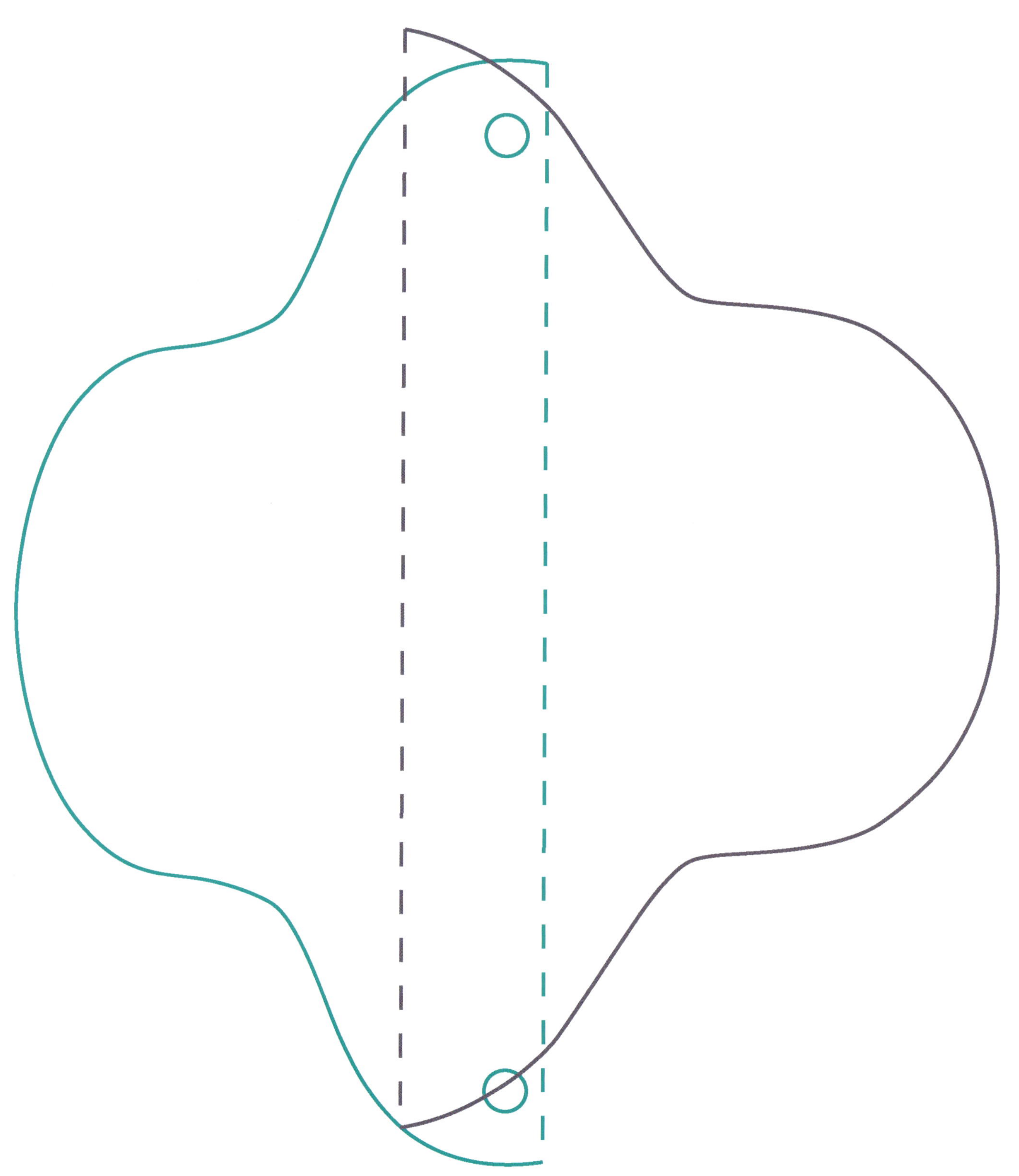

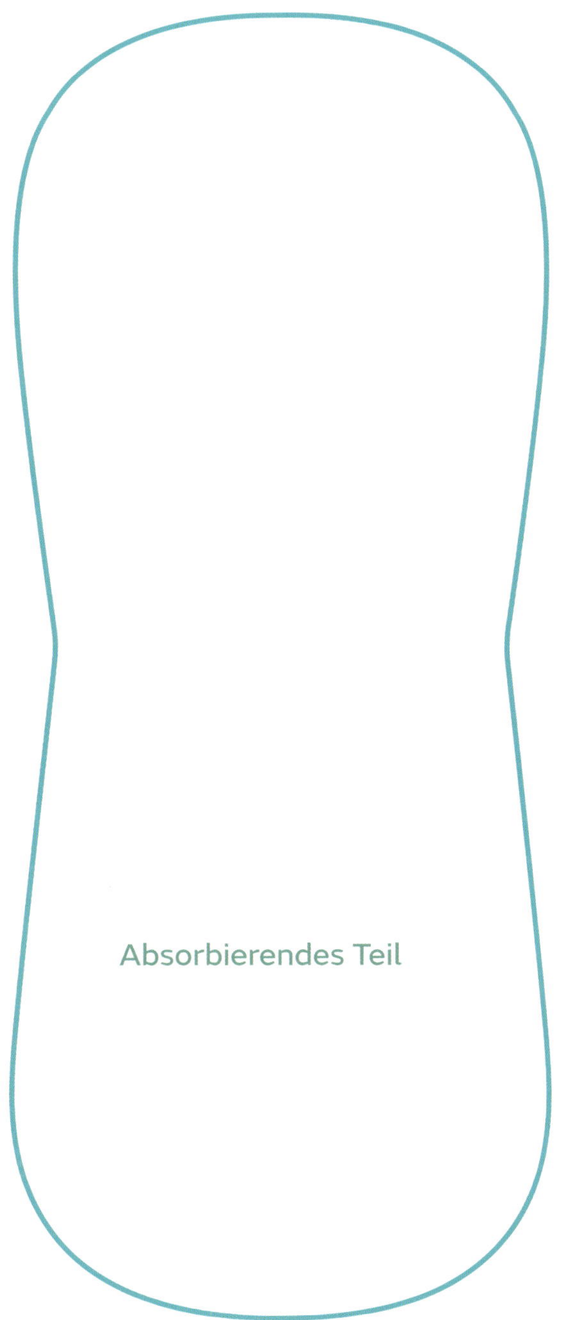
Absorbierendes Teil

Die Autorin dankt der Firma *La Mercerie de l'Etoile de Coton* für die Bereitstellung der Baumwollstoffe. www.mercerie-etoile.com

ISBN 978-3-8094-4349-0

2. Auflage 2021

Die Originalausgaben erschienen auf Französisch unter den Titeln
Couture zéro déchet dans ma cuisine und *Couture zéro déchet dans ma salle de bains*

Fotos: Fabrice Besse

Projektleitung dieser Ausgabe: Dr. Iris Hahner
Umschlaggestaltung: Atelier Versen, Bad Aibling
Übersetzung: Margit Findl
Redaktion und Producing: Dr. Alex Klubertanz
Herstellung: Elke Cramer

Penguin Random House Verlagsgruppe FSC® N001967

Druck und Bindung: Alföldi Nyomda Zrt., Debrecen

Printed in Hungary